民國文存
44
中國近世史

魏野疇 著

知識產權出版社

本書分19章簡要介紹自鴉片戰爭至20世紀20年代初的中國歷史，首先探討中國近代史的世界背景，然後分別從政治、經濟、外交、軍事、文化等方面再現中國近代社會的歷史轉折和社會風貌。本書以唯物史觀爲指導，初步運用馬克思主義立場、觀點、方法研究中國近代史，基本奠定了現代史學教材的體例。

本書適合中國近代史、思想史研究者以及愛好者閱讀、參考。

責任編輯：韓　帥	責任校對：韓秀天
執行編輯：劉　江	責任出版：盧運霞
特約編輯：楊　帆	動態排版：賀　天

圖書在版編目（CIP）數據

中國近世史/魏野疇著.—北京：知識產權出版社，2013.5
（民國文存）
ISBN 978-7-5130-1951-4

Ⅰ.①中… Ⅱ.①魏… Ⅲ.①中國歷史－近代史－研究 Ⅳ.①K25

中國版本圖書館 CIP 數據核字（2013）第 052529 號

中國近世史

Zhongguo Jinshi Shi

魏野疇　著

出版發行：知識產權出版社		
社　　址：北京市海澱區馬甸南村1號	郵　　編：100088
網　　址：http://www.ipph.cn	郵　　箱：bjb@cnipr.com
發行電話：010-82000860 轉 8101/8102	傳　　真：010-82005070/82000893
責編電話：010-82000860 轉 8346	責編郵箱：hanshuai@cnipr.com
印　　刷：北京中獻拓方科技發展有限公司	經　　銷：新華書店及相關銷售網站
開　　本：720mm×960mm　1/16	印　　張：13.75
版　　次：2013 年 5 月第一版	印　　次：2013 年 5 月第一次印刷
字　　數：171 千字	定　　價：45.00 元

ISBN 978－7－5130－1951－4/K・179（4794）

出版權專有　侵權必究
如有印裝質量問題，本社負責調換。

民國文存

（第一輯）

編輯委員會

文學組

組長：劉躍進

成員：尚學鋒　李真瑜　蔣　方　劉　勇　譚桂林　李小龍
　　　葉　曄　吳冠文　鄧如冰　金立江　張新贊

歷史組

組長：王子今

成員：秦永洲　張　弘　李雲泉　李揚帆　姜守誠　吳　密
　　　姜　鵬

哲學組

組長：周文彰

成員：胡　軍　胡偉希　彭高翔　干春松　楊寶玉

出版前言

民國時期，社會動亂不息，內憂外患交加，但中國的學術界卻大放異彩，文人學者輩出，名著佳作迭現。在炮火連天的歲月，深受中國傳統文化浸潤的知識份子，承當著西方文化的衝擊，內心洋溢著對古今中外文化的熱愛，他們窮其一生，潛心研究，著書立說。歲月的流逝、現實的苦樂、深刻的思考、智慧的光芒均流淌於他們的字裡行間，也呈現於那些細緻翔實的圖表中。在書籍紛呈的今天，再次翻開他們的作品，我們仍能清晰地體悟到當年那些知識分子發自內心的真誠，蘊藏著對國家的憂慮，對知識的熱愛，對真理的追求，對人生幸福的嚮往。這些著作，可謂是中華歷史文化長河中的珍寶。

民國圖書，有不少在新中國成立前就經過了多次再版，備受時人稱道。許多觀點在近一百年後的今天，仍可說是真知灼見。眾作者在經、史、子、集諸方面的建樹成為中國學術研究的重要里程碑。蔡元培、章太炎、陳柱、呂思勉、謝無量、錢基博等人的學術研究今天仍為學者們津津樂道；魯迅、周作人、沈從文、丁玲、梁遇春、李健吾等人的文學創作以及傅抱石、豐子愷、徐悲鴻、陳從周等人的藝術創想，無一不是首屈一指的大家名作。然而這些凝結著汗水與心血的作品，有的已經罹於戰火，有的僅存數本，成爲圖書館裡備受愛護的珍本，或成爲古玩市場裡待價而沽的商品，讀者很少有隨手翻閱的機會。

鑑此，爲整理保存中華民族文化瑰寶，本社從民國書海裡，精心挑出了一批集學術性與可讀性於一體的作品予以整理出版，以饗讀者。這些書，包括政治、經濟、法律、教育、文學、史學、哲學、藝術、科普、傳記十類，綜之爲民國文存。每一類，首選大家名作，尤其是對一些自新中國成立以后沒有再版的名家著作投入了大量的精力，進行了整理。在版式方面有所權衡，基本採用化豎爲橫、保持繁體的形式，標點符號則用現行的規範予以替換，一者考慮了民國繁體文字可以呈現當時的語言文字風貌，二者顧及到今人從左至右的閱讀習慣，以方便讀者翻閱，使這些書能真正走入大眾。然而，由於所選書籍品種較多，涉及的學科頗爲廣泛，限於編者的力量，不免有所脫誤遺漏及不妥當之處，望讀者予以指正。

目　錄

序 ··· 1

第一章　導言 ··· 3
一、舊史概觀 ··· 3
二、何爲新史 ··· 6
三、我爲什麼要做這部近世史 ·· 10

第二章　近世史的背景 ··· 13
一、上古史概觀 ··· 14
二、中世史和近世史 ··· 16

第三章　東西交通的由來 ··· 20
一、中國地理上的特點 ·· 20
二、一四九八年以前的東西交通 ·· 22
三、近世東西交通在歐洲的背景 ·· 25
四、近世的東西交通（一四九八——一八三九） ··································· 26

第四章　東西交通與中國 ··· 33
一、宗教的影響 ··· 34
二、經濟的影響 ··· 57

i

第五章　鴉片戰爭 62
一、戰前的轇轕 62
二、戰況及和約 65
三、戰爭的影響 68

第六章　英法聯軍來侵和俄人在東北部的勢力發展 70
一、英法聯軍來侵的始末 70
二、俄人在東北部的勢力發展 73

第七章　太平天國的起落 77
一、太平軍起及南京建都 77
二、太平軍和清軍激戰 81
三、太平軍別支的擾亂及太平軍的影響 83

第八章　捻回亂事和伊犁交涉 86
一、捻亂及雲南陝甘回亂 86
二、新疆回亂及伊犁交涉 88

第九章　內亂後的清政府及西南邊地的喪失 93
一、滿清帝位的緜延 93
二、亂事以後的內政設施 94
三、安南屬地喪失及其影響 96
四、緬甸、暹羅喪失及英法在西南部的勢力發展 98

第十章　中日戰爭及戰後各國對於中國的態度 101
一、日本維新及中日交涉之緣起 101
二、中日戰爭及其結果 104

三、戰後各國對於中國之態度……………………………………105

第十一章　社會狀況經濟的變遷………………………………111
一、社會各階級的狀況……………………………………………111
二、經濟的變遷……………………………………………………117

第十二章　古學術的研究及思想的變遷………………………124
一、明末清初間發生的新潮………………………………………125
二、古學術的研究…………………………………………………130
三、思想的變遷……………………………………………………132

第十三章　改革和反改革………………………………………136
一、改革的發動……………………………………………………136
二、改革的進行……………………………………………………139
三、反改革的勢燄…………………………………………………142

第十四章　拳匪亂事與日俄戰爭………………………………145
一、拳匪騷亂及各國聯軍來干涉…………………………………145
二、北京議和及亂事的結果………………………………………147
三、日俄戰爭的原因………………………………………………148
四、激戰媾和及與中國之關係……………………………………150

第十五章　清朝末年的中國……………………………………153
一、末年的清政府…………………………………………………153
二、外交的形勢……………………………………………………156
三、人民的活動……………………………………………………162

第十六章　中國的革命運動 ································ 165
一、革命的發端 ·· 165
二、武漢起義及各省的民軍興起 ······························ 167
三、民軍和清軍激戰 ·· 168
四、中華民國成立及宣統退位 ··································· 169

第十七章　民國初年的氣象 ···································· 171
一、革命以後的中國 ·· 171
二、內部的糾紛 ·· 173
三、蒙藏的自治 ·· 177

第十八章　歐戰前後的中國 ···································· 179
一、袁世凱之罪惡 ··· 179
二、武人割據 ·· 181
三、歐戰與中國 ·· 183
四、中國在國際上的地位 ··· 187

第十九章　文化的新發展——結論 ·························· 190
一、文學革命及文字改良 ··· 190
二、評判態度與科學方法之提倡 ······························ 193
三、古學術研究的復興 ·· 194
四、結論 ·· 196

編後記 ·· 199

序

王子休

魏君野疇，不但是一位治史學的專家，而且是一位革命的理論家和革命的實行者。他在思想上和行動上曾領導着一般革命的青年，走向革命的大道，現在他已爲革命而犧牲了性命。

魏君的遺著很多，他繙譯的《美國史》已由商務印書館出版。現在他的朋友，又把他這部《中國近世史》整理就緒，行將付梓。我讀了這部書以後，深覺魏君這部著作，確有許多優點。

一，科學的方法：在治史的方法上，魏君能把以往舊史家的狹隘的範圍和主觀的方法完全打破，而純用新的客觀的方法，參證各種科學的原理。他的選材是很愼重的，每段事實，都經過了詳細的分析與考慮。

二，正確的目標：以往治史的人，都是注重叙述史實而無確定的目標，魏君說："新歷史的目的，是爲解釋過去，明白現在，指揮未來；不是死記過去的。"由此可見魏君治史的目標是如何的正確。

三，世界的眼光：治史的人，常受國別的限制，而失掉了世界的眼光。魏君這部著作，着眼在國際的關係，認爲《中國近世史》是在國際間造成的，他用國際的眼光解釋中國所發生的事實，我覺得這是治近世史的人必具的一種重要條件。

四，文體的顯明：在文體方面，魏君全用語體文，異常明顯，而在每章之末，又編制了許多問題，且指明了應用的參考書籍，更使讀者有討論研究的方便，故用這本書作中學師範的教本，當更爲適宜。

　　五，革命的情緒：這本書，最能引起讀者興味的地方，是在魏君能把他滿腔革命的熱情，貫注到全書的各部，字裏行間，處處隱含着無限悲憤的血和淚，這是魏君人格個性的表現，也是本書一種重要的特點。

　　我相信凡讀了這部書的人，不但可以得到許多需要的知識，且可以更加明瞭革命的現勢，而增加個人前進的勇氣，所以我很誠意的把這本書介紹給一般的青年！

第一章　導言

　　我不願意開首就講到近世史的本身。我想先提出關於歷史學的許多重要而且困難的問題來研究，也是一種有趣的事。我們要問：古今來的許多歷史家和他們的著作，到現在是否還有價值？是否還能適應現時的新趨勢？他們做歷史的意見、方法和材料，是否可以批評？我們現在做歷史應該用怎樣的意見、方法和材料？簡單說來，歷史學的過去是怎麼樣？歷史學的現代的原理和方法是怎麼樣？這些問題都能解釋清楚了，然後再講歷史，再研究中國的近世史。

一、舊史概觀

　　使用蒸汽力或電力的機器未發明以前，工業就不能像現在這樣發達的；輪船電報等交通機械未發明以前，商業也就不能像現在這樣發達的；同一道理：經濟的、政治的、道德的及宗教的種種勢力未經大變，社會學、經濟學、心理學及生物學等科學未成立以前，歷史這種學科也不會發達成為科學。並且因習慣的阻礙，意氣的蒙蔽，即就是這些勢力已經大變了，這些科學已經成立了，而歷史還留在非科學的情態之中。孔丘、左丘明、司馬遷、班固、司馬光，Herodatus，Thycydides，Xenophon，Macchiavelli，Ranke——共十位中外的大歷史家——的著作都不得稱做嚴正的科學的歷史。這些人都是受時代的限制，我們不必深究了。最可笑的是現代的歷史家，他們還是用以前做"綱鑑"的手段，去編教科書！這般人的眼光太偏窄，太忠於舊習慣，連時代的趨勢都不明白，怎麼會做二十世紀的新歷史？

我們試分開看看古今歷史家的意見、材料和方法。

《春秋》是從魯隱公時記起的。《史記》是從黃帝時記起的。西洋歷史多半是從埃及記起的。統東西的歷史看來，時期沒有長過五六千年的。在五六千年以前，歷史家都以為是無歷史的，或是史前的（Prehistoric）。因為這些歷史家都把文字的記錄看作歷史的惟一材料；人類的記錄既不到六千年的期間，所以六千年前的歷史，在他們以為是不能做的了。近世生物學、人類學、考古學發達，考見人類的歷史，至少也有幾十萬年的長期；用人的遺骸石斧等等殘跡斷片的東西，考訂所謂史前人類的文明歷史，及與現在人類的關係。這是舊歷史家不能做到的研究了。

漢代有漢代的歷史，唐代有唐代的歷史；大概有一朝代即有一朝代的一部歷史，有一帝王即有一帝王的一篇本紀；好像歷史是同開國君主並時誕生的，是同亡國天子並時斷亡的；這是古人做歷史的方法，不須責了。最可笑的是現在的歷史教科書，實際上還是以朝代的興亡做歷史的分期的。把歷史碎割為無數的斷片，零塊。做歷史的人本來很武斷，讀歷史的人也感不到興趣。這是架屋支牀的死歷史，不是跳躍紙上的活歷史。

舊歷史的內容，不外政治、軍事、外交、迷信、專制等材料。舊歷史中可以傲人的，只有恭維英雄偉人的文學排列名詞時日

一、舊史概觀

的年鑑。Freeman說："歷史是過去的政治，政治是現代的歷史。"亞里士多德說："人是政治的動物。"孟軻稱《春秋》說："其事則齊桓晉文，其文則史。"由此看來，"政治以外無歷史"這是古人的普通見解了。豈不知人類除了是政治的動物而外，還是求知的動物，生產的動物，有欲望的動物……。單記載人類的一種活動為歷史，豈不是掛一漏萬嗎？軍事及外交，兩種事實都是最容易刺激人類感情的，所以無論中外的歷史家，都首先注意到這兩種事實。但這兩種事實，不過如急風驟雨似的，來的猛，去的也快，頃刻之間，雲破日出，究其實沒有深切透澈的影响。最可笑的是把許多迷信的話頭和專制的規矩，夾帶在歷史裏邊，歷史好像是"傳奇錄""昇官圖"了。到這樣地步，簡直就不成為歷史了！英雄偉人在歷史上自有相當的價值；文章做得優美，也是歷史家的餘興；重要的名詞時日，也是歷史上必要的。不過，英雄傳記不得叫做歷史，優美文章，也不得叫做歷史；雜湊許多名詞時日，只可說是一本好辭典或年表。舊史家把偉人、文學、名詞、時日，認為惟一的要素，竭全力去探討，實在是大錯！

舊史家的見解既是那樣，他們的方法更可知了。他們的方法，是抄襲成本的；是把歷史當文章做；是用主觀的想像去安排，去結構；而不用客觀的科學方法去考察。像這類歷史家怎麼會做出可靠的歷史來？

舊歷史家的意見和材料，只限於人類的一個短時期中斷片的政治活動，和一些與歷史絕不相干的迷信與專制的事實。

舊歷史家的方法、是傳奇小說家所用的主觀想像，不是科學家的實際考察。

二、何爲新史

　　十九世紀以來，生物學、人類學、心理學、社會學、政治經濟學、比較宗教學、考古學等，漸漸成立。歷史和他的這些姊妹科學（Sister Science）結連起來，採取這些科學的原理、材料和方法，應用到人類的活動事實上，然後生成新歷史——理想中的歷史。

　　生物學給歷史學的貢獻很重要。現代稍微有點生物學知識的人，沒有不知道達爾文和他的進化學說的。他的主要觀念是：生物的活動，是適應外界的環境，外界的環境變了，生物的活動也隨着要變了。活動變了，擔任各種活動的機能，也要隨着變了。能適應環境者爲優勝，能夠保存發達；不能適應者則爲劣敗，歸於淘汰滅亡。生物的起源、發達和經過——生物的歷史——都是順着這種過程演進的。由此推究，得知猴子是人的祖先，猴子的祖先還是別種較下等的動物。於是宗教家臆造的創世說，說人是上帝造的，可就完全推翻了。（歐洲中世有位主教，名叫Archbishop Usher的說："上帝於紀元前四〇〇四年，十月，二十八日，星期五，造人。"尤爲荒唐可笑）。人類也不外生物的一分子，人類的活動，當然可以用生物進化的觀念解釋。

　　人類不僅是生物，還是具着出奇的智慧的生物；人類不僅依着唯物的、被動的、有機的生物學說去活動，還依着精神的、自動的、複雜的社會心理學說去演進的。一般生物是否也有精神作用，這另是一個問題，不須深究，單就人類的精神作用說，是比別的一切生物的都發達高出，毫無疑意。人類能發明器具，用以制服自然；能創造語言文字，用以傳達思想，並能傳到遠方及後世：這都是別的生物所不能趕及的。因為人類有極發達高出的智慧，才有極高尚的道德思想，極堅固的家庭團體，及其餘一切極複雜的社會組織、交際、衝突和調和。若照那被動的適應環境說解釋，現在人類只發達到生物社會，不能發達到文明社會的。我們研究人類的活動，採用一種自動的努力說，這是心理學家和社會學家的貢獻了。

上邊所說的生物學和社會學的兩派解釋，並不衝突，而是互相幫助着成就的。生物學說經過社會學說的洗刷，方才能適用於人類的活動，解釋人類的意義。美國現代的社會學家Ellwood在他的《社會心理學綱要》（An Introduction to Social Psychology）中說明人類社會進化和進步的原動力，列了一個很簡明而重要的表。現在把這表翻譯在下面，以供參攷：

A. 物質的原動力
（1）地理的環境 包括氣候、食物、土壤、天產物、地形，等。
（2）生理的勢力 遺傳、變態、選擇，等等。

B. 心理的原動力
（1）衝動 遺傳的（本能）和後得的（習慣）。
（2）情 遺傳的（情緒），後得的；快，與不快。
（3）智慧 包括感覺、知覺、意志（概念、想像、推理）等等。

看上面這表，物質與心理是人類活動的兩大部分，並且是互相影響，相互連繫的，那麼生物學和社會學都是歷史學的好友了。

歷史學得到這種重要的觀念，他的性質就根本變了。古人把歷史的時期看得非常短，只認定有文字記錄的人類才有歷史的。我們現在看歷史的時期非常長，不但有文字記錄的人類有歷史，就是無文字記錄的人類也可以有歷史；不但人類有歷史，就是各種天體、星球和一切動、植、礦物也可以有歷史。不但簡牘碑版可作歷史的材料，就是石器時代的遺斧等等東西和今天出版的日報，都是很好的歷史材料。古人把歷史都看做斷片的、靜止的，以為人類是由於超出人類的主宰者，上帝造成的；人類的一舉一動都要受"他"的指揮和分配；人類活動的自身不會聯絡與影響。現在我們知道歷史是繼續不斷的，時時進化的，組成人類活動的許多原動力，不停止的衝突、調和、分解、聯絡、去舊生新、適應環境、改變環境的。古人把歷史看做記載過去事實的賬簿本；好像歷史是為古人做的，使古人"青史留名"，"傳諸不朽"就算了。我們才知道歷史並不是要記載過去的事實怎麼樣，是要記載過去的事實怎麼樣到現在，過去已經過去了，我們做歷史，並不是為古人留名聲、傳不朽，是要把人類過去的陰影投到現在，要人類知道他們的現在是怎麼樣來的。既知道現在是怎麼樣來的，便可預料將來了。簡單說，歷史不是記載過去的賬簿，是要正確記載過去，並解釋過去的科學。由此看來，一個時代一定要有一個時代的歷史，一個時代的歷史家，一定要為他那時代做歷史，千萬不能抄襲前人的成本。前人有前人的情勢、問題；所用的意見，方法，和材料，都是為解決他們那時代的問題。我們的情勢不同前人，當然也要另創一種意見、方法和材料，順應現代的趨勢，解決我們的問題。這是做歷史的人要特別注意的。

新歷史的原理和目的已經明瞭，新歷史的方法，也就容易懂得了。前邊說過，生物學、人類學、心理學、社會學、政治經濟學、比較宗教學、攷古學等，都和歷史學成姊妹科學，歷史學該取他的姊妹們所發見的原理，所收集的材料，來做他的嫁裝，自不須說了。譬如，由比較宗教學的研究，知道人類有普徧的宗教性；我們若在歷史上遇着宗教問題，那就更易明瞭解決了。不過歷史學也有自己的範圍和問題，所以研究歷史，不能單憑別的科學的原理來演繹，還要在自己的範圍以內極力的搜求材料，細心考鑑，整理、概括、做歸納的研究。換一句話說，現在做歷史的人，不能閉於一室，空手捏造；要在實驗室裏，一點一滴的做科學的實驗；所差者，歷史的實驗室不同自然科學的實驗室一樣罷了。

歷史的材料是什麼？歷史的實驗怎麼做？歷史的材料，大概可分爲二類：一，是有文字的，二，是無文字的。無文字的材料又分：(1)地理，如山脈、河流，等等。(2)建築，如宮院、城寨、橋梁、道路、運河，等等。(3)遺骸遺器，如頭骨、用具、兵器、衣甲，等等。(4)古來的儀式，制度、風俗，等等。(5)歌謠、神話、傳說，等等。有文字的材料又分：(1)歷史畫像。(2)碑刻，貨幣。(3)系譜，圖表。(4)日記，傳狀。(5)文書，布告。(6)新聞，雜誌。(7)演說辭，議事錄，等等。有這些材料到手，還要小心慢慢的區別，比較，整理，推測，判斷，務必使眞僞不得混淆。歷史家Harding說：

要採取這些材料，須得有十分的注意。我們必得斷定：(1)每種材料是否可靠的；(2)他的著作者，是否有知道那件事實的資格，和沒有故意欺騙人的心思。還得小心慢慢的必須把僞的錯的從眞的裏面分出。新材料發見，引用於古事上，去仔細的研究，往往可以推翻前人許多的成說，用新說來替代——這是不奇怪的事。

這是實驗歷史家的態度。

新歷史的見解是：久遠廣大的；繼續不斷的；物質思想兩方面連結，活動，進化及進步的。

新歷史的目的是：爲解釋過去，明白現在，指揮將來：不是死記過去的。新歷史的方法是：合各種有關係的科學的原理，材料，來搜集、考鑑、整理、概括他自己的各種材料：就是作歷史實驗。

三、我爲什麼要做這部近世史

前邊說過，做歷史的人，要明白現代的趨勢和問題。歷史本身就是要追溯現代趨勢，並明白現代問題的來歷，給人一個解決現代問題的刺激、希望和指點。這部近世史也同抱着這種目的。但我們現代的趨勢是怎樣？現代的問題是什麼呢？

人人都知道，自盧騷❶的《民約論》出版後，民權說非常昌盛於世。合衆國共和政府成立以後，接着就是法蘭西的大革命；推倒了專制的王朝。從此以後，政治上的民主主義，無人不認爲不易的原理了。到最近半世紀來，經濟上、教育上、道德上的民主主義，也都經大多數有思想的人承認了。這種主義的來歷，也沒有什麼奧秘，只不過由於一般平民的覺悟，覺悟得自己根本上都是個"人"，不是奴隸，供他人役使的。有這一種覺悟，所以到處都見得民生主義的可貴和必要。這不是現代一種很興盛的大趨勢嗎？

民主主義的興盛，由於一般平民的"人"的覺悟。平民爲什麼能得到這種覺悟？歸功於一些學者提倡的力量，固然不錯；不過，能使一般平民，眞個不得不覺悟的，還有另一個大原因。

自近世自然科學發達以後，人類制服自然界的能力，大過古人幾十百倍了。新知識、新機器，日新月異；新組織、新生活，也隨着產生。像現代的生產機關、分配機關、信用機關等，都是以前的人做夢也夢不見的了。這種變化，當然不是一二人的力量。是要羣衆去參加運動，擔負責任的。羣衆運動和羣衆的覺悟，是相連

---

❶ "盧騷"即"盧梭"。——編者註

的；活動與負責的人數越多，羣衆覺悟的程度越深，現代的民主主義所以能夠昌盛和普徧，實在因爲科學給與經濟上的大變化，使一般人民都得參加很大的活動，擔負很大的責任的原故。由物質文明影響到精神文明，這是現代的第二種大趨勢了。

現代的問題，就是怎樣去提倡民主主義，使他的基礎穩固，並達到最完滿的地步。細說起來，就是怎樣使人民都參加政治活動，並對於政治有興味，肯負責？怎樣使人民都享有均等的教育機會，都得着豐富而有用的知識，使精神高尚與愉快？怎樣救濟並調節經濟上的不平等，不公平、不安全，使人民都得着完滿的物質文明，無飢寒的困迫？這是全世界人類的總問題。此外，還得特別注意上兩種大趨勢爲什麼並怎樣來到中國？產生了什麼問題？給我們什麼責任？這是這部近世史單要回答的。

問題
1. 舊歷史的短處在什麼地方？
2. 舊歷史有什麼目的？
3. 舊歷史家用什麼方法做歷史？
4. 歷史和那幾種科學最有聯絡？
5. 生物學給歷史什麼貢獻？
6. 社會心理學給歷史什麼貢獻？
7. 新歷史家是怎樣的見解？
8. 新歷史家抱着什麼目的？
9. 新歷史家用什麼方法？
10. 現代的大趨勢是怎樣？
11. 現代的問題是什麼？
12. 中國近世史有什麼特別目的？

參攷書
1. 梁啓超：《飲冰室全集》第二十九册《新歷史》。
2. 胡適：《中國哲學史大綱》第一篇《論史料》。

3. 坪井九馬三:《史學研究法》(日文)。

4. 齋滕斐章:《歷史之內容的教授法》《目的編》(日文)。

5. O.A.Robinson: New History, chs.1~5, h.8。

6. C.A.Ellwood: An Introduction to Social Psychology, Chs.1, 2, 3, 13, 14。

7. F.W.Blackmar and I.L.Gillin: Autlines of Sociology, Part1, Chs.1, 2, 3; Part 7, Chs, 1, 2。

8. B.K.Sarker: The Science of History and The Hope of Mankind, Chs.1, 2, 3。

9. S.B.Harding: New Medieval and Modern History, P.P.7~8。

10. F.J.E.Woodbrige: The Purpose of History。

11. J.Dewey: Democracy and Education, Ch.16。

第二章　近世史的背景

　　鼓鑄近世史的特別動力，就是西方的大勢力倒捲東來，前章既已說過了。但是，同一西方的勢力，注入印度，印度就不免亡國；注入日本，日本居然興盛；注入中國，中國現在鬧的七亂八糟！此中醞釀演變，實在耐人尋味。外界的勢力比如水，各國固有的歷史比如鹽、糖、牛奶、咖啡。用水攙入這些東西裏邊，各有各的味道。外界的勢力和各國固有的歷史結合起來，也各國有各國的現象。下章是講西方的勢力怎樣來到中國。這章要講我們中國固有的歷史是怎麼樣？也就是講近世史以前的歷史——近世史的背景。

　　爲方便起見，劃分全部的中國史爲三個大時期，這是歷史家普通用的方法。但是，我不能遷就別人的地方，也要特別申明一下，我以爲自有歷史以來至紀元前二百年左近，爲中國史的第一時期，卽上古史，這是與別人一致的。在這一時期中，中國人的思想，由最初遺傳下來的宗教信仰，漸漸變爲玄妙的哲學、切實的倫理。到這時期將終的時候，各種科學上的懷疑與問題；慢慢的發生起來，有一點像希臘時代的思想。這一時期中的社會組織及政治活動，是由家族的、部落的，漸漸變爲封建的、列國的，再又變爲一統的、專制的，也好像羅馬時代的政治。再由經濟方面觀察，也是循着一個弧線向前變化並進步。由狩獵，畜牧等生活；漸漸變爲農業生活；由"世襲地主"農，漸漸變爲"自由耕種"農。總而言之，自有歷史以來至紀元前二百年間，中國民族一切的活動，大概是向上變化，演進，非常的顯明。

到戰國末年的時候（前三世紀），諸子的學說衰亡，思想界停滯。秦滅列國，統一中國，政治的勢力也集中到一點了。自此以後，到十八世紀，約二千年，中國人的思想、學術、政治組織和經濟狀況，大概逃不出秦漢兩朝的範圍。在此時期中，思想方面的孔子、政治方面的皇帝，居然像歐洲中世的教皇和皇帝，一個管人的靈魂，一個管人的身體；任憑有多大的聰明才力的人，都要變做這兩個勢力的奴隸。在這時期中，雖說有許多的民族競爭與消長；雖說有外來的宗教，學術的攻擊與侵佔；然而都不敵這兩種勢力的強大和專橫，反給這兩種勢力"推波助瀾"。這是中國史的第二時期，即中世史。

自此以後，西方的勢力倒捲東來，打破我們長期的迷夢和黑暗，這實在是千古未有的奇局了。論這時期，才不過一百多年，但其中的變化非常劇烈，複雜，而重要，很夠得上稱爲一個時期，即第三時期的近世史。

一、上古史概觀

日月星辰、山川雷電、疾風驟雨等等自然的現象，和睡夢、昏迷、死亡等等心理的感覺，在最初人類的思想裏不能解釋，以爲是不可思議的奇事，因而懷恐怖，畏懼的情緒；因而擬以爲有超出人類以上的神明；因而生出種種愛慕、親近、祈求、信仰的心理。這是人類宗教思想先發達的原故了。到後來，觀察持久，經驗增

一、上古史概觀

多，這些自然現象和心理現象，大部可以用人的智慧，能力分解明瞭，於是產生出種種的哲學——宇宙哲學、人生哲學、政治哲學。再後，就可以產生出各種科學。這是人類思想發達必經的過程。

人類的食慾、性慾、佔有、貪權等欲望，使人類不得不求食物、侶伴、富足和高貴。人類既有了這些欲望，便有結合、仇視、衝突、調和等活動。家庭的成立，卽由於男女的結合；戰爭的起原，卽由於相互的仇視。由仇視起了衝突、戰爭。結果，強者勝，弱者敗。弱者的所有物與身體，都變爲強者的戰利品和奴隸了。奴隸爲主人服務日久，漸漸得到主人的信任與優待，漸漸與主人平等。這又是調和了？由家庭團體漸漸擴充爲同血統的部落；由部落的衝突、兼併、同化，破壞血統的機關，成立政治的關係，最後才變爲組織完密的國家。這是人類社會組織與政治活動必經的過程。

總而言之，社會的進行，無論心理方面，或物質與組織方面，都是由簡單的，趨於複雜的；由玄虛的，趨於切實的；由分歧的，趨於一致的。這是社會學上不易的原則。

應用這種觀念，去研究中國史，當然不信舊史上記載的多少事情。盤古、女媧、伏犧、神農等等的神話，不必說了；就是黃帝、堯、舜、禹、湯等的"功蓋大地""德溥生民"的太平世界，也不敢恭維。到春秋戰國的時候，還是"征戰會盟"的時代，沒有統一的國家和強固的政府，那麼，一定沒有五千年前"萬國來賓"的"一統郅治"可以斷言了。若是孔丘，墨翟都祖述堯舜與夏禹的學術，那麼，由三代到春秋，這三千多年來的思想進步在那裏呢？

按照社會進化的公例講，按照可靠的中國史料講，中國社會的變化，到西周爲最烈，並且到那時才有了很成形的文明了。以後，許多的小諸候，兼併成幾個強有力的大國——齊、楚、燕、韓、趙、魏、秦。戰事愈多,人民受的痛苦愈甚;小國愈少;人民交際的機會愈繁;貴族減少,社會的階級慢慢接近;領土廣大,政治的經驗必定發達。有這種種的情形,自然產生許多的大人物——老聃、孔丘、墨翟、管仲、商鞅,等等。他們對於當時的問題,各有各的觀察、見解和解決的方法,所以就有各種學說的派別。這是中國學術極興盛的時期。不幸,至秦一統,政治的勢力集於一人,專好武斷、干涉,最不喜歡人民的思想自由;一般學者,又希圖富貴,迎合君主心理,提倡專制,獎勵迷信。從此以後,中國史入了黑沉沉的停頓時期了。

二、中世史和近世史

歷史家稱歐洲中世史爲黑暗時期(Dark Ages),我們現在以這種名辭,稱中國中世史也很得當的。自秦一統以後,中國政治上君位極尊無上,君權極大無比,中央政府就是總攬一切大權的總機關。秦的法令,制度,往往是後代二千多年的模範。自西漢武帝提倡儒術以後,二千年來的思想學術,大概脫不了孔丘的範圍。在此期間,種族間的競爭,雖說激烈,複雜,而長久,然終不過是野蠻的民族,憑藉武力,一時寇邊侵擾,一時飄然遠去,一時爲"中原"霸主,一時爲"上國"奴屬;究沒有政治組織及思想活動上的影響;並且沒有不受中國政治和思想的溶化。至於印度的宗教哲學東來,似乎爲中世史的一大原動力;然而細按起來,還是對於宗教方面的勢力大,對於學術方面的勢力小,對於政治組織,社會組織方面可說是無大影響了。這種宗教的勢力,只能直接助長中國社會的黑暗，間接助長中國政治的專制。

在這一時期將終的時候，陡然發生明清之間的學術復古，爲思想界大放光明。這也有一點像歐洲史上的復興時期（Renaissance）。這種反動也不是陡然發生的，是有種種的原因的，待以後再說。在這個短時期中，很有一些忠心學術的學者，做訓詁、考據、校勘古書的工夫，把秦以前的蕪雜、殘缺、荒謬的書籍整頓清理了不少。還有一般學者兼講天文、數學、地理、歷史，創造出空前未有的政治原理，與社會哲學。當這種運動宣傳正盛的時候，正逢西方勢力倒捲東來。一方學術復古的運動尚未告成，一方驚天動地的革命驟至，把中國發千年遺留下來的陳腐思想，制度，習慣，生活，將要從根本上刷新，改造。由此看來，復古運動恰是中世和近世兩個期間的一個過渡時期了。

中世這樣長期停滯的原因，可約爲三組：（一）因爲領土統一，政權操於一人手中，阻礙思想的競爭與自由；（二）因爲四鄰民族的文明程度過低，中國得不到域外的幫助；（三）因爲地理上的阻隔，交通困難，不能早與遠地文明接觸。印度的文明雖說早與中國接觸，然而印度民族長於宗教的、玄學的思想，並不注意實際政治的原理與組織，恰與中國人的短處相應，所以不但無影響於中國政治，並且有害。既有這般種種的原因，所以養成中國民族的保守、自尊、驕傲與怠惰。按生物進化的公理講，有競爭及衝突，才有奮發及創造；有困難的問題橫在目前，才有解決問題的方法發生。中世長期的停滯不進，是很可研究的。

中世既無思想上，經濟上，政治組織上的大變化與大困難，所以養成怠惰，守舊，愚頑等等習慣。迴顧近二千年的歷史，真使人寒心作嘔！把"聖主臨朝"，"撻伐四夷"，"幼君踐祚"，"母后聽政"，"外戚專權"，"宦寺擅寵"，"藩鎮跋扈"，"權臣篡弒"，"官吏貢賕"、"盜賊蜂起"這些成語都成了我們中世史上政治的大題目了。水旱、疾疫、蝗蟲、地震，某處山崩、川竭，某處人民流離……都成了中世的人民生計上常有的現象了。皓首窮經，帖括章句，開口夫子，閉口聖賢，能做八股，便是秀才，這是中世大多數士人的教育狀況。總而言之，有中世史中的黑暗勢力，才有近世史中的失敗受辱。我們民族總算"自作自受"了。

中世史縱然黑暗，中世史研究的價值是有的；因爲一件事情或問題，不僅因爲成功，有榮譽，有利益，才去討論；並且因爲失敗，不名譽，不利益，更不得不加意研究，要討論出受病的原因來。我們現在社會上，政治上，道德上的情形，都受中世的莫大的影響，與中世史有莫大的關係的。要解決現在的問題，必得參看以前的勢力，要講明近世史，須得知道中世史的大概。

問題

1. 中國史分幾個時期？每時期的始末和大概的性質是怎樣？
2. 人類社會的進化循着怎樣的過程走？
3. 西周以前的中國社會是怎樣變化的？
4. 春秋戰國時的學術爲什麼很發達？到戰國末年學術爲什麼衰敗？
5. 秦漢兩朝和中國有什麼大關係？
6. 中世有何種範圍人思想與行爲的大勢力？
7. 中世爲什麼不能進步？
8. 你能舉出中世史上的一二黑暗事實嗎？
9. 中世和近世的關係是怎樣要緊？
10. 明清之間的中國學者都研究些什麼學問？
11. 試用西洋史的時期比擬中國史的時期，看究竟有怎樣的相似點。

參攷書

1. 梁啓超：《飲冰室全集》，第十九册、第二十册，《論中國學術思想變遷之大勢》。第二十九册，《中國史敘論》，第七節、第八節。第三十册，《中國專制政治進化史論》。

2. 胡適：《中國哲學史大綱》，第一篇，論中國哲學史的區分。第二篇。第十二篇，第三章。

3. Blackmar and Gillin: Outlines of Sociology，Part II，chs.1，4，5，7，12。

第三章　東西交通的由來

中國近世史的一大轉機，就是外界的勢力加入。要講明近世史的性質，不得不先考究這種勢力的由來和重要。這章先敘中國地理上的特點，和對外交通的困難，再說東西交通的由來。至於東西交通對中國所生之影響，歸下一章說明。

一、中國地理上的特點

試看中國地圖，東南兩面靠的是海水，西北部多高大的山脈；東南水量充足，氣候溫和，河流聯貫，土壤肥沃；西北水量缺乏，氣候乾燥，沙漠連亙，士❶地瘠薄；東南物產豐富，人口繁多，文明程度高；西北物產較少，人口稀薄，文明程度比較低；這是中國地理上的第一個特點。中國的大河流，如黃河、長江、珠江、黑龍江等，都是由西向東流的；中國的大山脈，如陰山、北嶺、南嶺等，都是橫隔南北的；還有中國的領土，由來是很廣大的。在機器未曾大發明以前，人類制服天然的能力，非常薄弱，河流、山脈和距離過遠，都是交通上絕大的阻礙。因此，國內的風

---

❶ "士"當爲"土"。——編者註

俗、習慣、言語、感情、組織，處處隔閡，差異，而散漫：這是中國地理上的第二個特點。再就中國全部論，土地廣大，氣候總算和適，物產比較富饒；人民不必向外處發展、殖民，也不至受生計的困迫；所以人民都不願去海上冒險，去外國通商，都願安居故土，耕種田地。農民的性情，最喜歡保守、老成、守秩序：最反對的，就是有人破壞秩序，不服從舊習慣。這是中國地理上的第三個特點。

中國向海外發展的道路，可以由太平洋到南北美洲；南去，經過南洋冬島，可以到澳洲；西南入印度洋，過錫蘭島可以到紅海口；再北可以達波斯灣；向南循着非洲的東岸，可以到非洲的南部，或竟繞到大西洋；或竟由紅海上陸，過蘇夷士地峽，到地中海，由此，歐洲各處、非洲北部和小亞西亞，都可交通了。但是，我們民族不大受經濟上的壓迫，政治上的驅逐，宗教上的熱心遣使，所以冒險心不發達；海上事業，和殖民地的發展，都讓外人佔先了。

試由東海岸向西前行。設使地勢不是台塔的形式，愈前去拔海愈高；設使有向西，向北，向南流行的幾條河流，可以行駛；設使沒有西藏高原，喜馬拉雅山，和西南邊界上幾條橫斷山脈的障礙，阻隔中國與印度方面的交通；設使沒有帕米爾高原、天山、阿爾泰山的障礙，遮蔽東亞和西亞的交通；我們的遠祖宗雖說不慣海上的生活，但也可帶着牛，犁，秄種和家眷，往阿母、錫爾、印度、恆河、幼發拉的、底格里斯等流域去開荒、種植，在那裏成立家室、街市、和西洋人貿易、往來，吸收他們的文明。——但這全是一種假設與夢想，全不是事實。我們陸路上的交通，是非常困難的。

東西的交通不容易，所以東西文化的差異很大，接觸很困難；接觸以後，也很危險；所產生的問題，又很不容易解決。

二、一四九八年以前的東西交通

前節說地理上的困難，限制東西的交通；不過，地理上的困難，總可以人力勝過的。東西在中世的時候，就慢慢的有了零星的交通。到一四九八年，東印度的新航路發見以後，東西海上的交通才大盛了。這是近世時期中的重大事實。這節先敍一四九八年以前的一些零星交通。

中國和亞洲各民族的交通最早，事實也最繁多。但這節和再下一節所講的，不是這類事實，而是中國和西洋各民族間的往來和交涉。

據科學家說，在地球的生成史中，曾經過洪水泛濫的時期。在這時期中，全世界都爲洪水浸沒。以後水勢慢慢的低了，高原和山脊先露出水面。這種地方，或者就是帕米爾高原一帶。有了陸地以後，植物才能發生，再後才有人類。主張人類一元說的學者，以爲人類都起原於亞洲中部。隨後生齒愈繁，漸漸向四處分散。黃人種往東，白人種往南往西。往南的爲古代的波斯人和印度人；往西的爲現在西洋的白種人。由此看來，黃白兩種人，在上古或者是一家人，很相接近，也未可知。這是有記載以前的推測，現在究難明白眞象。

到了紀元前二世紀以後，中國的政治統一，武方強盛。當時有驅逐匈奴朝北去的秦始皇、霍去病、衛青、竇憲；有開通西域各國，經過帕米爾高原，直到裏海岸上，取歐西的植物，如葡萄、苜蓿、胡桃、安石榴等，帶回中國的張騫、班超、甘英。隨後羅馬帝國聞風得中國的聲名，富庶，屢次使人來通好，"貢獻方物"。（一六六年，即漢恆帝延熹九年，大秦王安敦，遣使自日南徼外，獻象牙，犀角，瑇瑁，——見《後漢書·西域列傳》。大秦即指羅馬。又二二六年，即吳黃武五年，大秦賈人宗秦論來至交趾。——見《梁書·諸夷列傳》。漢時交趾太守治今廣東番禺❶。）匈奴既受中國的驅逐，向西遷徙，漸到歐洲北部，趕走日耳曼人。以後直殺到羅馬帝國的內部，使歐洲人提心弔膽，小兒不敢夜哭。因此匈奴人（Huns）這個詞，到現在還是歐洲人的恐嚇語。隋煬帝很有野心，想交通拂菻。攷拂菻就是東羅馬帝國。七世紀時候，有景教的僧人阿羅本來到中國（唐太宗時），傳佈宗教，翻譯經典，廣建寺院，一時的信徒很多，並有王公貴人在內。近世出土的景教流行碑，即是景教入中國的一個確切的證據。景教是屬於耶穌教的尼士特拉派（Nestorius）。十三世紀以後，蒙古人突然興起，威服歐亞兩洲。東西的交通，一時因武力的，政治的關係大盛。據見於記載的事實，有一二四六年（元定宗元年），羅馬教皇使柏朗嘉賓(Plan Carpin）一二五三年（元憲宗三年），法王路易第九使路卜羅克，(Rubruck)來中國和元朝交涉。此外，旅行家或商人來的，有威尼斯（Venice）人尼哥羅博羅（Nicolo Polo）父子兩人和馬哥博羅（Marco Polo）留住中國做官二十多年。回國以後(一二九五），著了一部《中國旅行記》，極力說東方國家的富庶，惹起西方人崇拜黃金的貪心。又有一個意大利的教士，名叫奧代里克（Odric），同時也來中國，由廣東上陸，傳佈加特力教，即天主教（Cathlic)。他留住中國十三年，回國後，也有著作出版。十三世紀末年，意大利人望高未諾（Monte Corvino)受羅馬教皇尼古拉斯第四的差遣，經過印度，來到中國（一二九

---

❶ 交趾郡于兩漢之冶所不同也。西漢時治所在贏婁縣（今越南河內市西北），東漢移治龍編縣（今越南河北省仙游東），見史爲樂主編《中國歷史地名大辭典》（上），第1062頁。可見，兩漢時代交趾郡未治于今廣東境內也。——編者註

〇，元世祖至元二十七年）。後經元世祖的允許，在北京大佈加特力教。臨死的時候，居然有三萬多的信徒。十五世紀初年，鄭和帶中國大船六十多隻，徧歷南洋各島，游行印度洋中，直西至紅海口，循着非洲東岸，到馬達加斯加島（Madacascar）。他前後共七次出洋經過三十年的海上生活(自一四〇五，明成祖永樂三年以後）。他的冒險事業，實在使我們滿心佩服，幾乎疑他不是個中國人了！惜乎蘇夷士地峽擋住了他的去路，使他不得通到地中海去；不然，東西航路發見的盛名，恐怕輪不到西洋人享受罷！

一四九八年，東印度航路發見以後，歐洲人向東方來的非常多了。近世的東西交通，即從這時開始。在這時以前，東西的往來，交涉，必定不止以上所說的那些零星的記載。大概，中國的絹絲，自中世以來就是歐洲市場上極貴重的物品。羅馬人說金絹同重同價這話可作證明。當時掌管轉運這種商貨的，在西方爲意大利人和威尼斯人。他們由地中海東岸上陸，經過敍里亞（Syria），到波斯灣；或北由黑海上陸，經過美索波達米亞平原（Masopotamia），到波斯灣；或南由亞歷山大城（Alexandria）上陸，經過埃及沙漠，到紅海口以上共三條著名的商路。他們然後與波斯，阿拉伯的商人交易，採辦東方的貨物——絹，絲，香料。波斯阿拉伯的商人，再到中國的廣州、泉州、甯波（廣州、泉州、甯波今改爲番禺、晉江、鄞縣）。❶販買貨品。中國人中可運送貨品到西方去。東西來來往往，很頻繁的。這是中世的東西人民經濟上的交通。

---

❶ 恐不確，廣泉甯三地在明代皆爲府，即廣州府、泉州府、寧波府。番禺、晉江、鄞縣三縣分別爲三府之治所所在，即所謂"附郭縣"。民國建立後，明清之府皆廢，广泉宁三府亦不存，然三縣則未廢，因此，廢府與縣存本無必然聯繫，亦不存在改府爲縣的問題。原文可改爲：廣州、泉州、寧波治今番禺、晉江、鄞縣。——編者註

三、近世東西交通在歐洲的背景

在東西交通史中,中國人除過幾件冒險的、嚇人的事情外,大半是被動的,靜候別人來找我們,不去找別人的。所以把發見印度航路的盛名,和在近世交通史中的活動,都被西洋人佔去了,我們落在人後的原因,前邊已經說過。至於西洋人為什麼肯冒險到東方來?這是本節要考究的問題。

試看看西洋十五六世紀的歷史,便知道在這時期中,很有幾個使人民向外發展的原因。

(一)歐洲的社會組織,在希臘羅馬時代,就分出好幾種階級。到了羅馬衰亡,日耳曼人南遷以後,教會的權力很大,社會的階級極嚴,階級的束縛、痛苦、罪惡,也達到極點了。最可憐,最愁慘的,是農民;最闊氣,最幸福的,是貴族、僧侶和極少數的君主。農民都是隨着土地易主的奴隸;貴族、僧侶和君主,都是土地的主人。農民供給貴族、僧侶和君主的糧食與苦力;貴族、僧侶和君主,對待農民,非常苛刻。工人、商人,因為沒有土地的束縛,稍微自由一點;於是就漸漸的富有起來了。由富有漸漸得勢,這是一定的道理。君主、貴族、僧侶、農民、工商間的階級界限非常分明,不能紊亂。農民的兒子,常做農民;貴族的子弟,常是貴族。惟有僧侶一個階級,是人人都可做的;不過,農民不受教育,沒有知識,得做到僧侶的,實在佔極少數。階級的束縛、痛苦、罪惡,既是這樣,所以大多數的人民不甚戀愛故土。

(二)當這時期中,因宗教改革,戰爭不已,新舊教互相仇視。凡不容於故鄉的人，都願向外處另闢新地，傳佈他們的宗教，享受宗教的自由。

（三）東羅馬帝國亡後（一四五三），土耳其人杜塞了歐洲商人的東方商路。歐洲人所渴望的東方貨物既不得到手，於是另想找一條通商新路。當時學術界中倡出地圓之說，冒險家卽依這種學說的指示，開始向各方探查去了。

（四）當時西班牙、法蘭西、英吉利等國家基礎堅固，秩序安甯，人口增加，人民的生計困難。這幾個又都是濱海的國家人民，慣於海上生活。葡萄牙、荷蘭、意大利當時雖沒有統一堅固的政府，然而人民却是很多長於冒險的。所以探險家多出於這幾個國家。有這種種原因自然幹出驚天動地的發現事業來了。

四、近世的東西交通（一四九八——一八三九）

第一個勇敢的，熱心探險的人，要算是葡萄牙的亨利太子了（Prince Henry）。他極力的提倡冒險，獎勵航海事業。到一四八七年，葡萄牙人的船到了好望角（Cape of Good Hope）這是第一次探險的成功。再後哥倫布（Columbus）發現西印度羣島（一四九二）。這是第二次探險的成功。但是，歐洲人所希望的東方新航路，還沒發現。這種大成功是要留下給達加馬（Vasco Da Gamd）的。達加馬是葡萄牙的人。他由一四九七年，沿着非洲的西岸航行，向南繞過好望角，入了印度洋，到一四九八年（明孝宗弘治十一年）的五月二十日，居然達到東印度半島麻拉巴海岸（Malabar Coast）的加力噶特（Calicut）地方。東西新航路自此才告

四、近世的東西交通（一四九八——一八三九）

成功了。從此以後二十多年，又有西班牙人麥哲侖（Magellan），繞南美洲的最南端，向西航行，到了菲律濱羣島（一五一九）。他在這裏被本地的土人殺了。他的隨從，帶着他的船，經過印度洋，繞好望角回去了。這是環地球一周的第一次。從此以後，葡萄牙，西班牙，荷蘭，英吉利，法蘭西的商船，爭向東方出發。東西的交際，才十分的繁雜了。

葡萄牙人自從發現東印度航路以後，野心如火一般的熱騰了。以次佔據臥亞（Goa）、麻拉甲（Malacca）（一五一一）。設印度總督。置東方佈教的僧正。勢力達到蘇門達臘（Sumatra）爪哇（Java）。一五一六年，葡人蒲士特列羅（Perstrella）乘小船來到廣東。第二年，葡人安得里得（Fe.dinand Andrade）。又帶了八個船，到上川島（St.John 1.）。以後接着來的很多。到了一五三八年，葡人在廣東出入往來的地方，共有三處：一是上川島，一是電白（Lamba Cao），一是澳門（macao）。此外寧波和泉州（浙江鄞縣和福建晉江）❶兩個地方，也是葡人當時居住貿易的。一五四五年（明世宗嘉靖二十四年），甯波人因外人不法，竟殺了一萬二千多的教徒和商人，燒毀船三十七隻，由此也可見當時外人的勢力不小了。先在一五三五年（嘉靖十四年），把澳門正式開爲通商口岸，租給葡人，每年徵收地租銀二萬兩。一五五三年，葡人假託曝晒貢品爲名，偷着拓展地方。一五七三年，我國官廳，沿着葡人佔的地方築牆，默認牆以外是化外的葡人勢力範圍。一五八二年，地租減爲五百兩。自此以後，直到一八四九年（清道光二十九年），和我國再沒有政治上的大交涉。❷

自從麥哲侖環航地球以後，西班牙人也極熱心東方的事業。一

---

❶ "浙江鄞縣和福建晉江"當爲"（治今浙江鄞縣和福建晉江）"。——編者註
❷ 此指1582～1844年，中葡關係來往甚少。

五六五年，佔領菲律濱❶羣島，定馬尼拉（Manilla）爲島上的首府。勢力達到台灣。商船往來南洋各處，和中國商人交易很盛。一五七四年（明神宗萬曆二年），有中國泉州的豪商李馬奔，忽然帶領二千多人，戰艦六十二艘，去攻馬尼拉，想刼奪西人的勢力。戰爭結果，李馬奔敗了，偷逃回國。帶去的人，多半藏匿山中，現在菲律濱有伊哥羅德支那人種（Igorrots Chinese），據說就是這些遺留下的人的苗裔。當李馬奔和西人正戰爭的時候，福建總兵派人去打探消息。西人見中國的使臣到了，便想和中國訂通商條約。中國使臣告以無權，於是僧人馬丁拉達爲西班牙使者，和中國使臣同來。一五八〇年，西班牙王又派馬丁伊格奈條（Martin Ignatius）來。兩次都沒得到訂約的結果。但是，條約上雖沒得到什麼正式的允許，人民的商業來往，實在很繁了。現在我國的南部各省使用很多的墨西哥鷹洋，就是一個證明。因爲墨西哥以前是西班牙的屬地，菲律濱又歸墨西哥總督節制，補助經費。鷹洋輸入菲律濱，又由菲律濱轉到中國商人手中，才流入內地。

　　荷蘭人先屬於西班牙，和英吉利的商人同在葡萄牙的都城里斯本（Lisbon）販買東方的貨物，交易很盛。後來荷蘭宣佈獨立（一五八一），西班牙王禁止他們出入里斯本，因爲葡萄牙這時也是屬於西班牙的，所以荷蘭人才想自開東方的商路了。又因荷蘭國內一時許多的海上冒險家的熱心提倡，到一六〇二年，設立東印度會社，經營殖民事業。以後刼奪葡人的蘇門達臘、爪哇摩鹿加（Moluccds）。於爪哇建巴達維亞城（Badavia），爲貿易的中心。西自印度的麻拉巴海岸，東到日本的長崎，都是荷蘭人的勢力範圍。這可說是盛極一時了。荷蘭人又想奪去在中國的葡人勢力。一六二二

---

❶ "菲律濱"今作"菲律賓"。——編者註

四、近世的東西交通（一四九八——一八三九）

年（明熹宗天啓二年），帶軍艦十七艘，來攻澳門。葡人極力抵抗，中國兵也幫葡人守禦，於是荷蘭人不得手，才退去了。又佔領澎湖、台灣，奪西班牙人在這兩處的勢力。再後，聽得清朝優待外人，於一六五六年（清順治十三年），派遣哥頁（Coyer）與開澤（Kpser）來北京，要求通商。後得順治允許，准荷蘭商船每八年得到一次，每次只限四隻。鄭成功後又奪去台灣，驅逐荷蘭人出境。荷蘭人才去幫助清軍打鄭成功。因此次平台灣有功，又派萬訶爾（Van Hoorn）來北京締約，但還是不得要領。

英吉利經營東方事業，也和荷蘭同時。先在東印度方面，設立東印度會社（一六○○），殖民通商，漸漸向東進展，到一六三七年（明思宗崇禎十年），有英人威代爾（Weddell）率艦隊砲擊廣東的虎門。結果，經中國承認，允許通商。以後又在廈門❶（今改思明縣）建立商館（一六七七），幾次派遣使臣到北京。一時國際上的往來很盛。法國大革命起，英國聯合各國抵抗，和拿破崙戰爭。一八○二年（清嘉慶七年）藉口法國將要佔據澳門，向我國進兵，由廣東海岸上陸。當時政府嚴辭反抗，於是英人才允退去。到拿破崙失敗以後，英國的經濟勢力澎漲，想在東方發展勢力的野心，更盛於前了。當時的外務大臣巴麻斯頓（Palmerston）就是第一個熱心提倡與中國通商的人。也先後派拿卑爾（Lord Napier）、魯濱孫（Robinson）到廣東，為商務的監督官。因此與中國官吏大起齟齬，釀成鴉片戰爭（見後）。

法蘭西當東方航路發見以後，也很注意東方的事業。後為英人奪去他在印度方面的勢力。以後因國內長期的革命，不暇對外。直到鴉片戰爭以後，才和中國有大交涉。

❶ 此"廈門"乃"廈門厅"。——編者註

除以上各國外，同時也向東方發展，但取道不同的，還有北方的俄羅斯。俄人從十五世紀的末期，卽越過烏拉山，經營西伯利亞。到一六一三年，羅曼諾夫朝（Romanoff）興起和西歐各國修好，專意經營東方事業。於是以次建立葉尼塞斯克城（一六二〇），雅庫次克城（一六三〇），鄂賀次克城（一六四七）。勢力達到外興安嶺，向南窺視黑龍江。有可薩克（Corsac）人坡亞爾可夫（Poyarkoff），爲俄國效力，由雅庫次克起，探察形勢，直到黑龍江下流，共費去三年多久（一六四三——一六四六）。他回去向俄人報告情形。於是俄國政府命哈巴羅甫（Khabaroff）帶兵東征（一六四九——一六五三），順黑龍江進行，戰敗索倫人，至雅克薩，建立雅克薩城（Albazin）（一六五〇）。繼哈巴羅甫的有斯特巴諾夫，（Stepanof），也極勇敢野心。又有葉尼塞斯克的將軍巴爾可夫（Parkoff）同時組織遠征軍，前進至尼布楚河口（一六五八）。建立尼布楚城（Nerchinsk）。當時清朝的武力正盛，也極力注意北方的邊防，曾屢次和俄人衝突，拆毀俄人的堡塞，戰死斯特巴諾夫，殺的僅剩部下十七個人回去。俄人的東方事業從此受一挫折。於是俄皇彼得與清帝康熙——正是兩雄相對——通使講和了。結果定《尼布楚條約》（一六八九，清康熙二十八年）明定兩國的疆界是：（一）自黑龍江的支流格爾必齊河起，順着外興安嶺，向東至海岸，以南是中國的地方，以北是俄國的。（二）西邊以額爾古納河爲界，以南是中國的地方，以北是俄國的。自此定約以後，直至一八五八年（清咸豐八年），俄人常怕中國的武力，不敢公然犯邊。尼布楚定約以後四年，許俄人通商，得三年一到北京，每回得至二百人。北蒙古的交易一時很盛，恰克圖與買賣城就是從這時候起開闢的。十八世紀初年，俄國又經營中亞。當時清朝的勢力也擴張到新疆以西。於是中俄的衝突又在此方面接觸了（見後）。總而言之，自尼布楚定約以

四、近世的東西交通（一四九八——一八三九）

後，我國北方的陸上對外交涉，實在也和東南海上的交通是一樣的繁盛的。

以上是東方新航路發見以後，鴉片戰爭以前（一四九八——一八三九），歐洲各國向東來和中國等民族交涉的大概情形。據我想，這些記載都是很零碎，很簡略，很形式的。大凡一種社會的活動，當初發生的時候，一般人往往注意不到；及到顯著盛大了以後，才有人去記載。其實，所記載的都是些很惹人注意的官樣事情。但究起事情實在的原原本本的經過來，往往得不到千萬分之一：就以東西交通論，照上邊所記載的也不過十幾個著名的人物，幾十件出色的事情！其餘應有的那些商人、水手、教徒、翻譯、兵士、僕從、買辦……成千累萬的人，和他們的那些零碎的活動，怎麼得知道？這些人想來都是不怕危險，不愛安逸，過慣海上的生活，要到異鄉去求黃金，極富於勇敢、奮鬥的精神的，極與中國的實際政治、思想、宗教、生活有普徧關係的。假使沒有這些人冒險東來，恐怕無論多少皇帝、大臣、商務監督，也是不濟事的。惜乎！記載這些人的事跡太不完全，使我們無從知道了。

問題

1. 近世史中最大的原動力是什麼？
2. 中國地理怎樣限制中國人的生活、性情和對外的交通？
3. 近世交通大概由哪一年開始？
4. 洪水時期，大約什麼地方先有人？以後怎樣向四處分散？
5. 張騫、班超、甘英、阿羅本、馬哥博羅、奧代里克、望高末諾、鄭和這些人在東西的交通史上，有什麼事跡？
6. 近世交通以前，東西商人貿易的道路、物品和經道的地方，都是什麼？
7. 爲什麼歐洲的商人、教士，都願向外處營業、傳道？
8. 近世歐洲最先向海外發展的國家，都是哪幾個？
9. 爲什麼這些國家的人民却願向外處去冒險？

10. 亨利太子、哥侖布、達加馬、麥哲侖這些人在交通史上的功勞在哪裏？

11. 什麼是葡萄牙人到東方的次序和到中國的事跡？

12. 什麼是西班牙人到東方的次序和與中國的交涉？

13. 什麼是荷蘭人到東方的次序和與中國的交涉？

14. 什麼是英人到東方的次序和到中國的事跡？

15. 法人在東方的事業怎樣？

16. 什麼是俄人向東方發展和與中國的衝突？

參玫書

1. 汪榮寶，許國英：《清史講義》第十章、第十一章。

2. 梁啓超：《飲冰室全集》第三十冊《世界史上廣東之位置》；又第三十五冊《中國殖民八大偉人傳·鄭和》。

3. 劉彥：《中國近時外交史》第一章第一節；又第三章第一及第二節。

4. 稻葉君山：《清朝全史》上卷，第三十四章、第四十四章；下卷，第五十三章。

5. Beard Bagley:　History of American Peoples，chs.I，II。

6. Harding：　New Medieval and Modern History，chs.11-19，22。

第四章　東西交通與中國

　　近世三百多年的東西交通，非常重要。我們先把這種的關係試想像一下。西洋人東來的動機，最初不外兩種：（一）經濟的，（二）宗教的。現在我們也不必去考究這種經濟的動機在前發生呢，還是宗教的動機在前發生呢。總而言之，他們既有了這兩種動機的催迫，自然趕出許多的商人，乘着許多的商船，載着許多的貨物，帶着許多的僕從、水手；另有許多的教士，背着經卷、畫像，夾混在商人隊裏，想在遠方去佈教。他們收拾妥帖，一直向東方來了。到了以後，商人買賣貨物，教士預備傳道，各人有各人的勾當。當初異地的語言、文字，不能互曉，所以得用通事、買辦。教士常常爲長期的留住，學習本地的語言、文字，考察人情、風俗，建築房舍，翻譯經典，從事著作，各處勸誘人民信服。從此異種人相遇，感情有融洽的，也有衝突的。融洽的固然很好，可以到得許多物質與精神上的有價值的交換；就是衝突了，隨後也得更有進一步的接洽。衝突漸漸激烈，必由兩造的人民各向本國的政府訴冤，向同國人告苦，求出偉大的勢力幫助。於是政治的勢力才攙雜進來，由各國政府及人民設立貿易會社，派商務監督，訓練駐防兵士，派遣國際的使者。各想保護本國在殖民地的商業、利益，擴張本國的勢力、權利。於是由當初的私人的、經濟的、商業的關係，一變而爲國際的、政治的、戰爭的了。想這是實際上必有的事實了。這一章中只把近世交通史中西洋人在中國的宗教和經濟的二種影響敍述出來,至於政治的影響,零碎的已經說了,重要的隨後按章分述。

一、宗教的影響

西洋人在中國佈教最著名的第一個當推利瑪竇（Mathaeus Ricci）了。利瑪竇是意大利人,信奉天主教,屬於耶穌伊特派（Jesuit）。他有很豐富的地理,及數學知識。他於一五八〇年（明神宗萬曆八年）到澳門,傳道於肇慶（今廣東高要）❶。後又住韶州（今南雄縣）❷,設立天主教堂。他在兩處逗留共有十多年,苦心學習中國語言、文學,極力與中國士大夫交接,也不反對中國人的習慣,因此得一般人的信仰與親近。他這種手段,是以後的傳教士都會使用的。一五九八年,他得到一種機會,過大廈嶺,到南昌,出鄱陽湖,到南京,和本地的士人談論。以後因怕人排斥,又回到南雄去了。在南雄認識王應麟。後由王應麟介紹,到北京（一五九九）。又因在北京不得意,折回南京。他這次到南京,交識王忠銘、祝世綠等——都是當時的貴官。他和這些人先談數學、天文的道理,以次說到宗教的意義。也又在南京設立醫院,給人治療疾病。於是利瑪竇的聲名大盛,信徒很多了。

他因在南京得了勝利,又想到北京去發展。一六〇〇年,他和龐迪我（Didacus De Pantoja）等共八個人,帶着繪畫、玻璃器、麻

---

❶ 肇慶本爲府,高要是其治所。因此,當作"（治今廣東高要）。"——編者註
❷ 韶州乃明舊韶州府,治曲江縣（今廣東韶關市）。民國雲南雄縣改自南雄州,與韶州府無涉。——編者註

布、時表、地圖、火器等物件，上北京進貢。他上書於明神宗，乞求優待。後果得神宗允許，賜給他教堂及房舍。住北京四五年後他居然得到二百多信徒。有徐光啟、李之藻、楊廷筠等——都是名士——都從他問道，講論科學。

他住在韶州時，曾和本地一位學者，共譯《幾何原本》。以後到北京上書時，並獻《萬國圖志》，他的奏上說：

天下有五大洲：其一，為亞西亞，凡國百餘，而中國居第一。其二，為歐羅巴，凡國七十餘，而意大利居第一。其三，為利未亞，亦百餘國。其四，為亞美利加，土地更大，以境地相連，分為南北二洲。其五，墨瓦拉泥。於是域中大地盡矣。

他說的利未亞，就是指現在的亞非利加；墨瓦拉泥，就是指南極的陸地。這種知識，擱在現在本不算什麼稀奇，就是在當時的西洋，也很平常；但是，在當時的中國，實在是半空中一聲霹靂了！他又著《乾坤體義》《測量法義》《萬國輿圖》。其餘的著作很多。

利瑪竇死（一六一〇）後，中國有一般人極力反對西洋人傳教，並攻擊他們推算的曆法（《大明律》禁私習天文），以他們為邪教徒。至一六一八年（明神宗萬曆四十四年），政府公然下令，禁止耶蘇❶教士，驅逐龍華民（Nicolao Longobordi）等回澳門。徐光啟上書力爭，也無結果。但是，這般外人，有中國政府不可少的長處是：（一）精於製砲，（二）長於曆算；所以禁令儘管嚴厲，終是不能持久的。

一六二二年（明熹宗天啟二年），中國政府派人到澳門請羅儒望（Joannes De Rocha）、陽瑪諾（Emmanuel Diaz）、龍華民等耶穌教士，製造銃砲。第二年，又用艾儒略（Jnlius Aleni）、畢方濟（Franc

---

❶ 下文為"耶穌"。——編者註

isous Sambiaso）等。於是到內地的不僅教會中人了，就是住澳門的別種外國人，夾混的也很多。他們除了製造武器而外，還有爲明朝効力疆場的。當時軍事上受外人的影響很大。這般敎士也建議過一種很新的政策。畢方濟的疏中有：

> 臣西極鄙儒，以格物窮理爲學，以事天愛人爲行。……抑臣萬目時艱，思所以恢復封疆，而裨益國家者：一曰，明曆法，以昭大統；二曰，辨礦脈，以裕軍需；三曰，通西商，以官海利；四曰，購西銃，以資戰守。蓋造化之利；發現於礦。第不知脈苗之所在，則妄鑿一日，卽虛一日之費。西國格物窮理之書，凡天文，地理，農政，水法，火攻等器無不俱載。其論五金之礦脈，徵兆多端。宜往澳門聘招精於礦路之儒，繙譯中文。尋脈而細察之，庶能左右逢原。廣東之澳門商人，設店貿易，納租已經百年。偶因牙儈之爭端，遂阻進省之貿易。宜照舊令其進省，以充國用。西銃之所以可用者，因其鋼鐵皆經百鍊，純粹無滓、故爲精工也。……更乞勅從澳門聘招熟於製銃之西士數人，使授以製藥點放之術，摧鋒破敵之奇。並使精於推曆之西士數人，襄助曆局之事務。……

明政府果能認眞採用這種客卿之建議，或者不至於滅亡，更延長漢人之勢力若干年，而另生成一種歷史上的局面，也是說不定的。

曆法非精於天文和數學的人，不能測算。明曆差誤很大，沒有人敢擔任修改。湯若望（Joannes adam Schall Von Bell）乘着這個機會得到北京來了。他是德意志人，富於科學知識。先在長安傳敎。一六二七年，來到北京。先和龍華民、鄧玉函（Geannes Terrens）、羅雅谷（Jacobus Rho）等熱心組織，開首善書院，設立曆局，編譯曆書，推算天文，並製造象限儀紀限儀、平懸渾儀、交食儀、列宿經緯、天球、萬國經緯、地球儀、平面日晷、轉盤、星球、候時鐘、望遠鏡等等東西。又爲明朝鑄造鋼砲。測歷製炮的成績都得崇禎帝的認可。不久，明亡清興，攝政王多爾袞又大用湯若望，命掌管欽天監（和現時天文台一樣），一時封官晉爵，並公布所製的新曆書；使各地採用，這可謂盛極一時了。不料，有前爲欽天監的回族人楊光先，因嫉忌西人得勢，極力排斥新曆，並誣耶穌教士要謀叛。一時讒言蜂起，湯若望等不能自辨，和南懷仁（Ferdinandus Verbiest）同時被捕下獄，宣告死刑。佈教禁令又發生了。但後來他們沒有被處死。湯若望這時年紀已七十多歲了，不久就死在北京（一六六六）。

康熙實在是個很喜歡西洋科學的人。湯若望死後，留下南懷仁，又是個數學天文大家，所以大得康熙的寵任，又爲欽天監正官，恢復新歷。他和徐日昇（Thomas Pereira）等組織觀象台，設置極精緻，極堅固的測天儀器（這件儀器，於拳匪亂❶時，被德人掠去，現在德人又運送回來了）。南懷仁的著作也很多，有《新製靈台儀象志》十四卷，《康熙永年歷法》三十二卷。死後，徐日昇和張誠（Gerbillon）等繼承他的事業。

鑄砲、製曆以外，給中國測繪地圖也是外人的一件大功。先由北方測起，漸次及於西南各省，到康熙末年，才測成全國總圖和各省分圖。據說一七三七年，法國地理學家但維爾（Du ville）著的《中國新地圖》（Naunel atlas De La China）和一八六三年，胡林翼著的《大清一統輿圖》、鄒代鈞的《中外輿地全圖》，都用這圖作底本，並且沒有這圖詳細。康熙親題這圖叫《皇輿全覽圖》。實際測量的都是一般西洋人。有白進（Joachin Bouvet）、費隱（Xaverius Ehrenbertus Fridelli）、雷孝思（Joan.Bapt.Regis）、杜德美（Petrus

---

❶ 指義和團運動。——編者註

Jartroux）、加爾特、湯尚賢（Patrus Uincentius Dut Tortre）、馮秉正（Jos.Franciscus Moyra De Maillac）、潘如（Boujour）、德瑪諾（Manoel Telles）等。

再後，傳教士中也起了內訌，互相忌剋。中國士大夫本不信什麼高德（Gad）、耶和華（Jehova），不過傾心西洋人的製造精巧和天文、數學、地理知識罷了。一般人民也萬難不祀奉先祖，去隨教士禮拜。所以佈教的事業以後——直到現在——到底不見發達。明末清初正是中國思想界大起變動的時期，這般西教士對於思想上的影響也是有的。現在列出十六世紀以後入中國的羅馬教士的統計表，以供參玫。

十六世紀以後羅馬教士入中國的年表

入境年代	漢名	原名	國籍	備玫
一五五二	方濟各	Saint Francois-Dexavier	西班牙	
一五八一	利瑪竇	Mathaeus Ricci	意大利	入境年代前後有差
	羅明堅	Michaele Ruggieri	意大利	
一五八三	巴範濟		意大利	
一五八五	孟三德	Edurd Da Sande	葡萄牙	
	麥安東		葡萄牙	
一五九〇	石方西		意大利	
一五九四	郭居靜	Larane Cattanes	意大利	《清朝全史》作瑞士人
一五九五	蘇如漢	Joao Soerio	葡萄牙	
一五九七	龍華民	Nicolao Longobordi	意大利	國籍有差異
一五九八	羅儒望	Joannes De Rocha	葡萄牙	
一五九九	龐迪我	Didacus De Pantoja	西班牙	
一六〇一	李瑪諾		葡萄牙	
一六〇四	黎甯石		葡萄牙	
	費奇規	Gaspar Ferriera	葡萄牙	
	杜祿畩		意大利	

第四章 東西交通與中國

一、宗教的影響

续 表

入境年代	漢名	原名	國籍	備攷
一六〇五	高一志	Alphonsus Vognoni	意大利	即王豐肅
	林斐理		葡萄牙	
	駱入祿		葡萄牙	
一六〇六	熊三拔	Sabbathinus De Ursis	意大利	
一六一〇	陽瑪諾	Emmanuel Diaz, Juior	葡萄牙	
	金尼各	Nicolos Jrigault	法蘭西	《清朝全史》作"金尼閣"
一六一三	畢方濟	Francisous Sambiaso	意大利	
	艾儒略	Julius Aleni	意大利	
	史惟貞		日耳曼	
	曾德昭	Alvaro Semedo	葡萄牙	《清朝全史》作"魯德昭",係達爾瑪濟亞國人,未詳是今何地
一六二〇	鄔若望			
一六二一	鄧玉函	Jeames Terrens	日耳曼	
	傅汎濟	Franciscus Fnrtado	葡萄牙	《清朝全史》"濟"作"齋",《明史·藝文志》"汎"作"兆"
一六二二	湯若望	Joannes Adum Schall Von Bell	日耳曼	入境年代有差
	費樂德	Poderic De Figueredo	葡萄牙	
一六二四	伏若望	Joas.Fraes	葡萄牙	
	羅雅谷	Jacobus Rho	意大利	
一六二六	盧安德	Andre Rudom ua	Polonus	未知是今何地
一六二九	顔爾定		法蘭西	
	瞿西滿	Simon Da Cunha	葡萄牙	
一六三〇	方德望		法蘭西	
	聶伯多		意大利	
	林本多		葡萄牙	
	金彌格		法蘭西	
	謝貴祿		意大利	
一六三一	杜奧定	Augustin Tudeschini	意大利	

39

续　表

入境年代	漢名	原名	國籍	備攷
一六三三	利	Antonius De Sant Maria	西班牙	
一六三四	郭納爵	Ignacio costa	葡萄牙	
一六三六	李濟範		葡萄牙	
	何大化	Antonius De Gouvea	葡萄牙	
一六三七	盧納爵		葡萄牙	
	孟儒望	Jo à a manteiro	葡萄牙	
	賈宜睦	Geromme De Gravlra	意大利	
	利類思	Ludovicus Buglio	意大利	
	潘國光	Franciscus Brancati	意大利	
一六三八	萬密克		日耳曼	
	徐日昇		日耳曼	
一六四〇	李方西	Franciscus Ferrari	意大利	
	安文思	Gabriel De Mayalhaes	葡萄牙	
	梅高		葡萄牙	
一六四三	衛匡國	Martino Martini	意大利	《清朝全史》作"匈牙利人"
	穆尼各	Joan.Nicolaus Smogolenski	Polonus	乃穆尼各之國籍
一六四九	瞿安德		日耳曼	"瞿紗微"，順治四年至
一六五〇	卜理格		Polonus	"卜彌格"，崇禎十六年至
一六五一	汪儒望	Joanres Valat	法蘭西	亦作"汪汝望"
	成際理		葡萄牙	
	張瑪諾		葡萄牙	
一六五四	萬濟國	Francisrus Varo	西班牙	《清前全史》作"萬濟各"
一六五六	利瑪第		葡萄牙	
	王若翰		意大利	
一六五七	聶仲遷	Adrien Greslon	法蘭西	
	傅若望		法蘭西	
	劉迪我	Jacobus Le Favre	法蘭西	
	洪度貞		法蘭西	
	穆宜各		法蘭西	
	穆格我		法蘭西	
	穆迪我	Jacques Motel	法蘭西	

第四章 東西交通與中國
一、宗教的影響

续 表

入境年代	漢名	原名	國籍	備攷
	樂類思		法蘭西	
	卽德安	André Ferran	葡萄牙	
一六五九	蘇納	Bernardus Diestel	日耳曼	
	林瑪諾		葡萄牙	
	吳爾鐸		法蘭西	
	畢嘉	Dominicus Gabini	意大利	
	柏應理	Philippe Couplet	比利時	
	魯日滿	Franciscus De Rougernont	比利時	《清朝全史》作"盧日滿"
	殷鐸譯	Prosper Intorcetta	意大利	
	南懷仁	Ferdinandus Verbiest	比利時	
	瞿篤德		意大利	
	白乃心	Joan.Grueber	日耳曼	
	陸安德	Giovaniandrea Lobelli	意大利	
一六六〇	恩理格	Christionus Herdtricht	日耳曼	
一六六四	方瑪諾		法蘭西	
	羅迪我		葡萄牙	
	楊若瑟		葡萄牙	
一六六八	石嘉樂		意大利	
一六七〇	利安定	Augustin De San Poscual	西班牙	
一六七一	閔明我	Philippus maria Grimaldi	意大利	
	鄭瑪諾		中 國	籍歷❶廣東香山澳
一六七三	徐日昇	Thomas Pereira	葡萄牙	
一六七六		Pedoro Piñuela	墨西哥	
一六七九	龐嘉賓	Gaspar Castner	日耳曼	
一六八〇	白	Alvare Benenente	西班牙	
一六八四	孟由義	Manoel Mendet	葡萄牙	
	葉宗賢	Basillio Brollo		
一六八五	利安甯	Emmanuel De Sto Joan.Bapt	西班牙	
一六八七	衛方濟	Francois Noel	比利時	

❶ 疑爲"籍貫"。——編者註

续 表

入境年代	漢名	原名	國籍	備攷
	白進	Joaehin Bouvet	法蘭西	《清朝全史》作"白晉"
一六九五	林安多	Antonio De Silva	葡萄牙	
	白多瑪	Hortis Ortis	西班牙	
一六九八	殷洪緒	Franc.Xav.D'Entreccolles	法蘭西	
	馬若瑟	Josephmarie De Premare	葡萄牙	
	巴多明	Dominicus Parrenin	法蘭西	
一七〇〇	聶若望	Jean.puarte	葡萄牙	
	沙守眞	Emeric De Chavagnac		
一七〇三	馮秉正	Jos.Franciscus Moyra De Mailla	法蘭西	
一七〇四	德瑪諾	ManoelTelletz	葡萄牙	
一七〇七	德瑪諾	Romanus Hinderer	法蘭西	
一七一六	戴進賢	Ignatius kogler	日耳曼	

以上共計一百十五人。不能攷見入境確切年代者,又得五十七人。內二人教皇特使,二人奉教皇命來華。

漢名	國籍	原名	備攷
陸若漢	意大利	Joannes Rodriquez	見崇禎三年登萊之役,禦滿軍受傷。亦說係葡萄牙人。
栗安當	西班牙	Antonius De Sta Maria	見康熙三年,"各省教士栗安當等由地方官拘禁候處"。
李守謙	葡萄牙	Simon Redrigvez	見康熙十九年。
安多	法國	Antonius Thomas	見康熙二十四年,熟練曆法。
洪若	法國	Joan.De Fontaney	見康熙二十六年。
李明	法國	Ludovicus le Comte	見康熙二十七年。
劉應	仝上	Glaudius De Visdelou	仝前。
張誠	仝上	Joan.Franciscus Gerbillon	仝前。以通曆法留用京師。
蘇霖	葡萄牙	Joseph Suarez	見康熙二十七年。
柯若瑟	西班牙	Joseph Ocha	見康熙二十八年。自云前二年至華,當係二十六年。
潘國良	意大利	Emmanuel Laurifice	仝前
紀理安	日耳曼	Bernardns Kilianus Stumpf	見康熙三十三年。

第四章　東西交通與中國

一、宗教的影響

续　表

漢名	國籍	原名	備攷
樊繼訓	法國	Petrus Fropperie	見康熙四十二年。自云三十九年奉派內廷行走。
鐸羅	法國	Carolus-Thomas maillard De Tournon	羅馬教皇特派來華，康熙四十四年遣人往迎。
雷孝思	法國	Joan.Bapt.Regis	見康熙四十四年。
郭多祿	西班牙	Petrus Munoz	見仝四十六年。
李若瑟	葡萄牙	Joseph Pereira	仝前。
索瑪諾	葡萄牙	Emmonuel De souza	
瞿良士	葡萄牙	Emmanuel Antonius De Mata	
艾若瑟	意大利	Joseph Antonius Provana	
隆盛	法國	Gulielmus Melon	
傅聖澤	法國	Joan.Franc.Fauquet	
赫蒼壁	法國	Julianus placidus Hervieu	
艾斯汀	意大利	Augustinus Borelli	
郭中傳	法國	Joannes Aloxis De Gollet	
龔當信	法國	cyricus Contancin	
龐克修	法國	Joannes Testard	以上各人俱見康熙四十六年。
林濟各	日耳曼	Franciscus stadlin	見仝前。
費隱	日耳曼	Xaverius Ehrenbe rtus Fridelli	
杜德美	法國	petrus Jartroux	上二人俱見康熙四十七年，派蒙古測量。
麥大成	葡萄牙	Franciscus Joannes Cardoso	見康熙五十年，派往山東測量。
潘如	法國	Bonjour	見仝前。
湯尚賢	法國	Patrus Uincentius Du Tortre	二人派往山，陝，甘三省測量。
德理格	意大利	Theodoricus pedrini	見仝前。
羅懷忠	意大利	Joan Joseph D'a Costa	見康熙五十四年，以精明外科醫理，奉召進京。
嚴家樂	奧國	CarolusSlaviszek	見康熙五十五年。
楊秉義	奧國	Franciscus Tillisek	見仝前。卽於是一年卒於口外。
穆敬遠	葡萄牙	Joannes Mourao	見仝五十六年。
嘉祿		Carolur AmbrosiusMediobarbud	教皇特派來華，康熙五十九年派人迎接。
徐懋德	葡萄牙	Andreus Pereyra	見雍正二年，授欽天監副監。
鄂達爾		Goturd	

续表

漢名	國籍	原名	備攷
伊爾方		Ildefonse	二人俱見雍正三年，奉教皇命來華賚璽玉。
張安多	葡萄牙	Antonius De Magalhaes	見雍正四年。
劉松齡	日耳曼	Augustinus Von Hallerstein	見乾隆八年，授欽天監副監。
艾啟蒙	奧國	Ignatius Sickelparth	見乾隆十年，以精於繪事奉召進京。
鮑友管	日耳曼	Antonius Gogeisl	見乾隆十一年，補欽天監副監。
高慎思	葡萄牙	Joseph L'Espinha	見乾隆十六年。
安國甯	葡萄牙	Andreus Rodriguez	
索德超	葡萄牙	Joseph Barnasdus D'Almeida	二人見乾隆二十四年。
郎世甯	意大利	Joseph Castiglione	見仝二十九年。即於是一年卒。
湯士選	葡萄牙	Alexander De Gaurea 3，	見乾隆五十年。
福文高	仝上	Dominicus Jacquimus Ferretra	見嘉慶六年。
李拱辰	葡萄牙	Joseph Riberio	見嘉慶十年。
畢學源	仝上	Cajetanns pires	見道光二年。
高守謙	仝上	Serra	見道光六年。
蔣友仁	仝上		
加爾特	仝上		

羅馬教士譯述一覽表

利瑪竇

《天主實義》二卷

《乾坤體義》三卷

《畸人十篇》二卷

《勾股義》

《辯學遺牘》一卷

《二十五言》一卷

《幾何原本》六卷

《渾蓋通憲圖說》二卷

《同文算指》十一卷（《清朝全史》"算指"下有"通篇"二字）

《西國記法》一卷

续　表

《圜容較義》一卷
《測量法義》
《經天該》一卷（刻在《藝海珠塵》）
《萬國輿圖》
《徐光啓行略》
《西字奇蹟》
《疏奏》
《齋旨》
（計十九種）

羅明堅

《聖教實錄》（一本"聖"上有"天主"二字）

孟三德

《崇禎歷書》
《主制羣徵》
《遠鏡說》
《長歷補注解惑》
《主教緣起》
《進呈書像》
《渾天儀說》

郭居靜

《性靈諸主》（未刻）

蘇如漢

《聖教約言》

龍華民

《聖教日課》
《靈魂道體說》一卷（一本無"說"字）
《念珠默想規程》（一本無"默想"二字）
《急救事宜》
《地震解》一卷
《聖人禱文》
《死說》一卷
《聖若撒法行實》（一本"行實"爲"始末"二字）

续 表

（計八種）

羅儒望

《天主聖教啓蒙》
《啓蒙》
《天主聖像略說》

龐迪我

《七克》七卷（一本如"七克大全"）
《龐子遺詮》二卷
《人類原始》
《實義續編》（一本"實"上有"天主"二字）
《天神魔鬼記》
《受難始末》
《耶穌苦難禱文》
《辯揭》一卷
《未來辯論》
《奏疏》
（計十種）

費奇規

《振心諸經》（一本爲《振心總牘》）
《周年主保聖人單》
《玫瑰經》十五編

高一志（王豐函）

《西學修身》十卷
《西學齊家》五卷
《西學治平》
《四末論》四卷
《聖母行實》三卷
《聖人行實》七卷（一本上有"天主聖人"四字）
《則聖》十篇
《十慰》
《斐錄彙答》二卷
《勵學古言》十卷
《童幼教育》二卷
《譬學》二卷

续　表

《空際格致》二卷
《寰宇始末》二卷
《教要解略》二卷
《神鬼眞紀》四卷（一本作《神鬼正紀》）
《達道紀言》
《推驗正道論》（計十八種）

熊三拔

《泰西水法》六卷
《簡平儀》（一本下有"說"字）
《表度說》

陽瑪諾

《聖經直解》十四卷（崇禎十五年著）
《十誡眞詮》（著年仝前）
《唐景教碑頌正詮》（崇禎十四年著）
《天問略》（萬曆四十三年著，刻在《藝海珠塵》中）
《經世全書》二卷（一本作《輕世金書》）
避罪指南（未刻）
《聖若瑟行實》
《天神禱文》
《天學舉要》
《代疑論》
《袖珍日課》
《經世全書句解》
（計十二種）

金尼各

《況義》一卷（FableschorseisD'Esope）
《拾意喩言》（仝上）
《推歷年瞻禮法》
《西儒耳目資》三卷
《宗徒禱文》
（計五種）

畢方濟

《靈言蠡勺》二卷
《畫答》一卷

续表

《睡答》一卷（一作《睡畫》二答）
《皇帝御製詩》
奏摺

艾儒略

《天主降生言行紀略》八卷
《天主降生引義》
《滌罪正規》
《萬物眞源》（或作原）
《三山論學紀》（或本少"紀"《西學凡》字）
《性靈篇》
《性學觕述》
《西方答問》二卷
《職方外紀》五卷（刻在《守山閣叢書》中）
《幾何要法》四卷
《景教碑頌註釋》
《聖體要理》
《聖體禱文》
《十五端圖像聖夢歌》
《大西利西泰先生行跡》（一本作《利瑪竇行略》
《熙朝崇正集》四卷
《楊淇園行略》（一本"淇"作"其"）
《張彌克遺蹟》
《悔罪要旨》
《五十言》（一本下有"餘"字）
《聖教四字教文》（一本作四字經）
《昭事祭義》二卷（一本作《彌撒祭義》）
《出像經解》
《耶穌言行紀略》
《坤輿圖說》
《口鐸日鈔》
《大西利西泰子傳》
《艾先生行述》
《思及先生行蹟》
《泰西思及艾先生行述》
《西海艾先生行略》
《泰西思及先生語錄》
（以上計三十四種）

续　表

曾德昭

《字考》

鄧玉函

《人身說概》二卷
《奇器圖說》（刻在《守山閣叢書》中）
《測天約說》二卷
《黃赤距度表》二卷
《正球升度表》
《諸器圖說》
《大測》二卷
（計七種）

傅汎濟

《寰有詮》六卷
《名理探》十卷

湯若望

《進呈書像》
《主制羣徵》二卷
《主教緣起》五卷
《渾天儀說》五卷
《眞福訓詮》
《古今交食考》
《西洋測日歷》
《遠鏡說》（刻在《藝海珠塵》）
《星圖》
《恆星表》五卷
《恆星出沒》二卷
共譯各圖八線表一卷（或作八卷，一本《共譯各圖》與《八線表》作二書）
《歷學小辯》一卷
《測食略》二卷
《測天略說》二卷
《大測》二卷
《奏疏》四卷
《新歷曉惑》一卷
《新法歷引》一卷

续 表

《歷法西傳》一卷
《新法表異》二卷
交食歷指四卷
（計二十一種）

費樂德

《聖教源流》一卷
《念經總牘》（一作《總牘內經》）
《念經勸》一卷

伏若望

《五傷經規》（一作《五傷經禮規程》）
《助善終經》（一作《善終助功》）
《苦難禱文》

羅雅谷

《聖若瑟傳》
《楊淇園行蹟》
《天主經解》
《天主聖教啟蒙》
《齋克》二卷
《哀矜行詮》二卷
《聖記百言》一卷
《聖母經解》一卷
《求說》一卷（未刻）
《周歲警言》一卷（一作《同歲警言》）
《測量全義》十卷
《比例規解》一卷
《五緯表》十卷
《五緯歷指》五卷
《月離歷指》四卷
《月離表》四卷
《日躔歷指》一卷
《日躔表》二卷
《黃赤正球》一卷
《籌算》一卷
《歷引》一卷
《日躔考晝夜刻分》

续　表

（計二十二種）

瞿西滿
《經要直指》

杜奧定
《渡海苦蹟記》
《杜奧定先生東來渡海苦跡》

郭納爵
《老人妙處》
《原染虧益》上下二卷（未刻）
《教要》
《身後編》上下二卷

何大化
《蒙引要覽》

孟儒望
《天學辨敬錄》
《照迷鏡》
《天學略義》

賈宜睦
《提正編》六卷
《辨惑論》

利類恩
《超性學要》四卷（四卷上原有"目錄"二字）
《天主性體》六卷
《三位一體》三卷
《萬物原始》一卷
《天神》五卷
《六日工》一卷
《憲魂》六卷
《首人受造》四卷

续 表

《主教要旨》
《不得已辨》
《昭事經典》
《司鐸典要》
《七聖事禮典》（一本無"七"字）
《司鐸課典》
《聖教簡要》
《正教約徵》
《獅子說》
《進呈鷹論》
《天學傳概》
《形拍之造》一卷
《聖母小日課經》一卷
《已亡者日課經》一卷（一本少"已"字）
《善終瘞基禮典》一卷
《彌撒經典》
《日課概要》
《安先生行述》
（計二十六種）

潘國光

《聖體規儀》
《十誡勸諭》
《天神會課》
《聖教四規》
《未來辯論》
《天堦》
《聖安德助宗徒瞻禮》
《瞻禮禮鐸》
《天神規課》
（計九種）

安文思

《復活論》

衛匡國

《眞主靈性課證》（一本無"眞主"二字）
《逑友篇》

续　表

萬濟國
《聖教明證》

聶仲遷
《古聖行實》

穆迪我
《聖洗規儀》
《同》

柏應理
永年瞻禮單（一本作《天主聖教永瞻禮單》）
《百問答》
《天主教聖》
《聖坡而日亞行實》
《四末眞論》
《聖若瑟禱文》
《周歲聖人行略》（未刻）
（計七種）

魯日滿
《要理六端》
天主聖教要理（一本無"天主"二字）
《問世編》

殷鐸澤
《耶穌會例》
《西文四書直解》三卷
《泰西殷覺斯先生行述》

南懷仁
《儀象志》十四卷
《儀象圖》二卷
《測驗紀略》一卷（一本"驗"作"念"）
《驗氣說》（一本作《驗氣圖說》）

续 表

《坤輿圖說》二卷（《坤輿圖誌》二卷《地理類》四著錄）
《熙朝定案》一卷（或作三卷）
《歷法不得已辯》一卷（一本無"歷法"二字）
《坤輿全圖》
《教要序論》一卷
《康熙永年歷法》三十二卷
《告解原義》一卷
《聖法答疑》一卷
《赤道南北星圖》
《簡單規總星圖》
《西方紀要》一卷
《剔本坤輿外紀》一卷（上二書見《疇人傳》）
《妄推吉凶辯》
《善惡報略說》
《妄占辯》
《預推紀驗》
《形性理推》
《光向異驗理推》
《理辨之引啓》
《目司圖總》
《理推各國說》
《御製簡平新儀式用法》
《進呈窮理學》
（計廿七種）

陸安德

《眞福眞指》二卷
《聖教略說》一卷
《聖教問答》一卷
《萬民四末圖》（未刻）
《默想大全》（未刻）
《聖教撮言》一卷
《聖教要理》一卷
《默想規距》一卷
《善生論終正路》一卷
（計九種）

恩理格

《文字考》（未刻）

续　表

徐日昇（葡人）

《南先生行述》
《律呂正義續篇》

Pedoro Pinuela

《初會問答》
《永暫定衡》
《大赦解略》
《默想神功》
《哀矜煉靈略說》

白

《要經略解》

葉宗賢

《宗元直指》

利安甯

《破迷集》
《聖文都涑聖母日課》

衛方濟

《人罪至重》

白進

《天學本義》
《古今敬天鑒》

林安多

《崇修精蘊》

白多瑪

《聖教功要》
《四終略意》

续　表

殷洪緒

《主經體味》
《逆耳忠言》
《莫居凶惡勸》
《訓慰神編》

馬若瑟

《聖若瑟傳》
《楊淇園行蹟》

巴多明

《濟美篇》
《德行譜》

聶若望

《八天避靜神書》

沙守眞

《眞道自證》

馮秉正

《明來集說》
《聖心規程》
《聖體仁愛經規條》
《聖經廣益》
《盛世芻蕘》
《聖手廣益》
《避靜彙鈔》
（計七種）

德瑪諾（葡人）

《顯相十五端玫瑰經》

德馬諾（法人）

《與彌撒功程》

续　表

戴進賢

《儀象考成》
《日躔表》
《月離表》

杜德美

《周徑密律》
《求正弦正矢捷法》

徐懋德

《增補表解圖說》

以上共三百三十五種。

二、經濟的影響

經濟的關係，更覺復雜難言。說到通商一事，本爲中國政府所不喜歡，不允許的。不允許的原因，除過頑固，也再沒別的。但是，海關收入，我國政府從來依以爲大利。海口官吏可借抽稅爲名以勒㪺商販，中飽私囊。至於中國人民方面，通商以後本有以有易無的好處。外國商人，因很羨慕中國的商務利益，所以也不避重稅。有這種種的情形，所以經濟的發展，到底不受什麼限制，並能與宗教的勢力同時並進了。

在這時期中西洋人出入中國的地方，有廣東的澳門、電白、上川島、廣州城（番禺）、福建的廈門（思明）、泉州（晉江）、福州❶

---

❶ 此福州乃福州府，而閩侯乃閩侯縣，此縣置於民國，清代爲閩、侯官二縣，1913年3月合而爲一，曰"閩侯"。此處當爲"福州（治閩侯）"。余亦同。——編者註

（閩侯）、浙江的甯波（鄞縣）、台灣的淡水、基隆。俄人專在北蒙一帶，如庫倫、買賣城、恰克圖等地方經營商務。後因中國政府時常發布禁止外人通商的禁令，驅逐外人出境，所以只有澳門和廣州兩處的交易常是繁盛的。

澳門是外人在中國的根據地。凡被放逐的商人或教士，都退居於這裏，靜待時機。廣州的繁盛，常因別處口岸已既被封，只有廣州的官商善於通融，禁令寬大的原故。康熙以後，英國卽在廣州設立商館，派人常川居住辦事。現在列幾個表，以表明當時的經濟情形。

一、十九世紀初年外人居住澳門表（軍人及教士不在內）

年代		一八一〇年	一八三〇年
白人	男	一、一七二人	一、二〇二人
白人	女	一、八四六人	二、一四九人
奴僕	男	四二五人	三五〇人
奴僕	女	六〇六人	七七九人
總數		四、〇四九人	四、四八〇人

二、十九世紀初年廣州的外人商館及人口比較表

國籍	一八三二年		一八三六年	
	商館	人口	商館	人口
英	一〇	八八	三一	一五八
印度人拜火教徒	不明	三一	無二	四六二
美	七	二一	九	四四
葡	無	一一	一	二八
德	無	無	一	四
荷蘭	一	三	一	三
瑞典鐘表匠	一	三	一	一
丹麥	無	四	無	一
法	一	一	無	一
西班牙和意大利	無	四	無	無
總數	二〇	一六六	四六	三〇六

三、十八世紀外人商船停泊廣州的黃埔表

國籍	一七五一年	一七八九年
英	九艘	六一艘
美	不明	一五艘
荷蘭	四艘	五艘
法	二艘	一艘
葡	不明	三艘
丹麥	一艘	一艘
瑞典	二艘	
總數	一八艘	八六艘

細看上幾種表，知道英美兩國的勢力最大。英國因爲東印度會社成立以後，在東方的商務基礎非常堅固。他在中國的貿易，多半是由這一個會社指揮和獎勵的。拿玻❶侖戰爭的時候，歐洲各國，惟英國得在海上自由，所以這時他就是世界佔第一位的商業國家了。美國當時不受戰爭的影響，所以發展也很快，幾乎要趕上英國。

說到這時期中貿易的項目，輸入品有印度產的鴉片、棉花，西洋各國的毛織物，都佔重要位置。輸出品以茶葉、絹絲爲大宗。又當時的棉布，也是輸出品。在北蒙方面，俄人輸入闊幅黑羽紗，精美的獸皮和羊皮，交換中國的紅茶、磚茶、絹綢、棉布等東西。又中國商人的信用和利息的高貴，是世界上稱道的，所以當時外人很有些不願意經商，單以現金向中國投資，求得月利二三分。據說，一七八二年，廣東人負外人的債務、共有三，八〇一，〇七七先令。外國資本流入，這也很可注意的一件事情。

這時期中交易的手續，先由外人運貨入港，就有中國人組織的"公行"包辦一切。公行專爲外國人卸貨、存貨、納稅、拍賣，爲他們收買中國貨，買妥後送出港去。這種公行中人因此都得到很厚的

---

❶ 前文爲"破"。——編者註

利益。他們賄買官廳，得到惟一的專業權。外國商人到中國，不許直接和中國人交涉，又不許出外窺探行情。他們只能埋頭納悶，在商館中討生活。等待買賣完結，然後得些利益回國去。這是他們最不滿意而常想改良的事情。但是中國政府向來看不起外人的，他們一有要求；便拿封鎖海口恐嚇他們。中國政府既不顧外人的利益，也不顧自己人民的利益，所以自由通商在當時是無望的。外國商人，這時希望改良的事項有（一）課稅太重；（二）公行的專業權；（三）居住商館的規則太嚴，又不得常年居住；（四）有事不得直接呈請本地的官吏，必由公行代轉。他們既受這般不平的待遇，只得回到本國去時常的乞助於本國的政府，終於釀起國際上的衝突，把貿易的關係一變而為政治的及軍事的關係了。

問題

1. 當初西洋人東來的動機是什麼？
2. 這些東來的動機是怎樣的情狀？
3. 這些活動怎樣能與政治活動生關係？
4. 利瑪竇、湯若望、南懷仁，在中國的事跡如何？
5. 中國政府為什麼信任他們？
6. 他們與中國那幾種學問與事業有關係？
7. 能在這些教士的著作中，舉出幾種重要的嗎？
8. 這些教士除過佈教、製歷、鑄砲以外，對中國還有什麼大的功勞？
9. 中國人為什麼多不喜歡耶穌教？
10. 對外通商為什麼不受禁令的限制？
11. 鴉片戰爭以前對外通商的地方是那幾處，並以那幾處為最繁盛？
12. 在中國通商的國家，在那時以那幾國為得手，並為什麼能得手？
13. 那時候出入的貿易品，都是什麼類的東西？
14. 那時貿易的手續是怎樣？
15. 那時外國商人不滿意的事項是什麼？
16. 通商是不是雙方互利？
17. 外國人為什麼喜歡借給中國人的債？

參攷書

1. 梁啓超:《飲冰室全集》第三十冊《世界史上廣東之位置》。
2. 劉彥:《中國近時外交史》第一章第一節。
3. 稻葉君山:《清朝全史》上卷,第三十七章、第三十八章;又下卷,第五十三章、第五十五章。

第五章 鴉片戰爭

一、戰前的齟齬

拿玻侖戰敗以後，英國在海上的勢力陵[1]駕全世界，而英國國內經濟的發展更非常迅速，因此急於向海外排泄。英國在東印度的勢力，早已十分穩固了，印度的出產大部在中國市場銷售，交換中國的茶絲及別種原料。所以十九世紀初年，獎勵在中國通商，爲英國政治上一大問題。這時在英國政府中始終主持這件事業的，爲外務大臣巴麻斯頓。他是第一個人看透了這件事業的重要。他以爲要想對中國通商的發展，（一）得廢止東印度會社對中國通商的專有權。因爲這種權利不廢止，英國商人，須得有會社的允許狀，才得來中國經商，不受限制；(二)得用和平的手段，求中國政府正式的允准。一八三四年，東印度會社的通商專有權廢止了。在這一年以前英國政府任命拿卑爾、達威斯（Davis）及魯濱孫等爲正副商務監督，使住居廣東，保護英國商務。但是，這些人雖是英國政府任命的官吏，在廣東的中國大吏看去，實在和從前的大班（Taipan是東印度會社所派管理商人的頭目）一樣，沒有與他們平等抗禮的資格。所以拿卑爾等到任以後，費了幾年工夫，只與廣東總督及稅

---

[1] "陵"當爲"凌"。——編者註

第五章　鴉片戰爭

一、戰前的齟齬

關，爭執無爲的公文程式，並且始終不得要領。有時爭執的激烈了，中國大吏便拿停止通商恐嚇。因此外國商人大受損失，這些監督也是無法，只能吞忍下去。到一八三七年，伊里奧特（Eliot）作了英國商務監督，形勢才和從前變了。他的態度強硬，主張用武力提攜。於是，一八三八年，英國派海軍少將梅特蘭德(Sir Frederick Maitland）帶軍艦來到廣東。

又❶爲這次戰爭的直接原因的，就是鴉片問題。鴉片（Opium）這種東西，本是熱帶半熱帶的出產，大概先產於印度、阿拉伯一帶。八世紀的時候，（唐）就有阿拉伯商人向中國運送罌粟。罌粟即是鴉片，唐人詩中也屢見罌粟的字樣。北宋初年（十世紀），鴉片著錄於《開寶本草》，爲治痢疾的藥品。十五世紀末年（明朝中葉），阿拉伯商人運送到摩鹿加島上的貨品中，又有阿芙蓉（Afion）一個名詞。這是從阿拉伯語譯出來的，其實就是鴉片的別號。中國一五八九年（明神宗萬曆十七年）的關稅表中，有"鴉片十斤，價銀條十二個"的規定，可見鴉片在這時候已成了大批的貿易品了。一七九三年（清乾隆五十八年）馬加特尼（Macartney）的《乾隆英使覲見記》中說："中國官吏，由吸菸所出之臭味，含有鴉片及香氣物之混合香。"可見這時候中國人已染上吸食的習慣了。鴉片吸食的方法，特爲中國人所發明。據說，外國人都是把鴉片擱於口中，囫咽下去。清初屢次發布命令，禁止輸入、吸食並栽種鴉片，但都無成效可觀，反倒逐漸風盛起來。十九世紀初年，鴉片輸入額大增，爲外人貿易的主要項目。茲列一八一六——一八三六年的鴉片輸入表於下：

---

❶ "又"當爲"固"。——編者註

一八一六年 （嘉慶二一年）	三、二一〇箱	價三、六五七、〇〇〇（以西班牙的貨幣單位算起）
一八二〇年 （嘉慶二五年）	四、七七〇箱	價八、四〇〇、〇〇〇
一八二五年 （道光五年）	九、六二一箱	價七、六〇八、二〇五
一八三〇年 （道光十年）	一八、七六〇箱	價一二、九〇〇…〇三一

（以上據東印度會社呈英國政府的報告書）

一八三二年 （道光十二年）	二三、六七〇箱	價一五、三三八，一六〇
一八三六年 （道光十六年）	二七、一一一箱	價一七、九〇四、二四八

（以上據英人美忒日爾斯特的調查）

我們看了上列這表，知道輸入的數目逐年增加。本來營這項生意的，各國人都有，但以英國人為最多。東印度會社有孟加拉（Eengal）、比哈爾（Behar）和奧利薩（Orissa）等處的鴉片專賣權。每年由加爾各他（Calcutta）運送於廣東的，佔英國貿易總額的一半，所以中國政府發佈的禁令，英國商人直視為他們的"催命符"了。在中國一方面，因人民吸食過盛，損害身體，養成貪懶的習慣，耗財誤事，其害足以亡國而亡種。當時又因禁令的忽急忽緩，奸商私和外人偷漏，致使現金流出，國內銀價暴漲（當時銀併由一千制錢漲至千六百制錢）。所以中國政府這時認禁煙為很重要的問題了。林則徐的奏中有："煙不禁絕，國日窮，民日弱，數十年後，豈惟無可籌之餉，抑且無可用之兵。"後來清政府就命他為欽差大臣，馳往廣東海口去查辦（一八三八年，道光十八年）。

林則徐品行廉正，辦事認真，總算中國官僚中有能力的人物。他到了廣東（一八三九年三月十日），即刻就"雷厲風行"的查禁起來了。這種手段，本來是很正當的。不過，當時中國官吏太不曉得外國情形，只知傲慢自大，因禁煙問題，往往牽涉排外問題，甚至於想閉關自守。不與西洋人通往來，這便大錯了。林則徐勒令英國商人繳出鴉片共二、〇二九一箱，每箱重二百二十斤，共計資本金五六百萬圓，這些繳出的鴉片全燒毀於廣東，與向來為官吏分贓者不同。英國商人繳出鴉片以後，損失太大，和監督伊里奧特一同都退出了廣州。一時留下的，只有美國人。則徐又命各外國船入口的，得先具結，擔保以後不夾藏鴉片。美國等船都具結依允，惟英國船不肯。這時伊里奧特退居澳門，詳報本國政府，專候用武力解決，到這年十一月三日，英軍艦果然駛入珠江，要求保護通商，擊沉中國兵船數隻，於是這場戰爭實行決裂了。

二、戰況及和約

英政府接到東方紛擾的報告，即提出議會去解決，到一八四〇年三月才決定要求中國賠償損失，恢復通商，若不得要領，即出於戰爭。又命喬治伊里奧特（George Eliot）和伯列麥（Bremer）等，統海陸軍東來。到這年六月，全軍齊集於香港。共計有兵力軍艦十六隻，武裝汽船四隻，輸送船二十八隻，大砲五百四十門，軍隊四千人以上。英人自退去廣州以後，則徐也大修戰備，購買外國大砲二百多門，在橫當及虎門各處設險防守；又雇人繙譯外國報紙，偵探消息。英人見廣東設防，不易得手，於是決定向北侵擾中國沿海，希望藉此挫折中國的傲氣，得到最後的勝利。自這年七月以後，佔領舟山島，砲擊廈門（思明）封鎖寧波（鄞縣）和長江口。至七月底，到了白河口，致書天津的直隸總督琦善，要求議和，並提出賠償軍費和煙款，開放廣州及上海等處為通商口岸，國際地位平等等等條件，以兵力為挾制，恐嚇之具。清政府見敵人迫近都門。一時徵調不及，手慌足亂，於是含糊答應了，使英軍先回廣東，靜候派員和議，清政府即於此時撤換林則徐，罷免官爵，加以處分。後來責成新疆伊犁。這一樁冤枉案且莫說起，再看廣東方面議和的情形。

英軍以目的既達，即退回廣東。到這年十一月以後，和清政府所派的代表琦善，開始議和，琦善到廣東以後，即把林則徐以前所設的防禦計畫一齊撤消，冀求英人歡心不疑。然後在廣州與英人談判。伊里奧特見琦善懦弱無能，於是野心橫生，主張強硬，要求割讓香港為英國的領地。這時琦善才知外人鬼詐陰險，進退兩難，推託不決。伊里奧特見時機成熟，於是使弄威嚇的手段，迫定草約。其條文之要者如下：

（1）香港港口和島嶼割讓於英國。

（2）賠償英國軍費六百萬圓，當交一百萬圓。

（3）兩國間公文直接交遞，資格對等。

（4）廣州即日開始通商。

這種蠻橫的草約，英政府尚不承認，以為賠償損害，保證通商，佔領舟山等事，都未完滿解決。一方面清政府更難驟然承認割讓香港了。於是撤換琦善，准備決戰，任命奕山、隆文、楊芳等，調集大兵、馳往廣東堵戰❶。

英軍探悉了這種消息，即於一八四一年二月以後，直向廣州進擊了，於是破虎門等處砲台，兵臨城下。這時清軍只有楊芳先到，勢力孤單，不敢衝鋒。直延緩到四月以後，大兵到齊，方才開

---

❶ "堵戰"當為"督戰"。——編者註

始決戰。戰爭的果結，不幸又冰潰山崩的敗回來了！廣州城的險要盡失，清軍諸將不得已，又迫得議和。他們共同與英軍簽下一張草約，這張草約中規定的是：中國軍隊退出廣州，英軍也退出海口，於一星期以內，清軍向英軍繳出六百萬圓的賠償費。

英軍爲什麽不想久佔廣州呢？這也有個原因。英政府既不滿意琦善以前所簽的草約，清政府這時又反和主戰，英軍正好乘這時機北犯，再作一度恐嚇的手段，好努力獲得最後的勝利罷。廣東官吏都是不擔責任的，捨之本不足可惜。再英軍借議和可以得許多償金，做北犯的軍費也是很有利益的。可笑此時有幾個無恥的清軍將官，竟然上奏說戰退了"英酋"。當時有一件出奇的事情，也可以在此附帶的說出。當英軍正要退去的時候，廣州城內三元里的居民，憤恨不平，聚積十萬多人，截殺英軍後隊，圍住伊里奧特，幾乎送了他的性命。後來得官吏的排解，他才幸而逃去。這是中國民族覺悟的開始啊！

英政府因不滿意以前的和約，撤換伊里奧特，另派璞鼎查（Potinger）爲全權大使東來，統率海陸軍，處理一切事務，璞鼎查到後，先在香港整理通商事務，布置防禦，然後率軍作第二次的北犯。這次英軍共計有砲三百二十門的戰艦十隻，有十六門的汽船四隻，軍隊二千五百多人。這年八月以後，再佔領廈門、定海、甯波、鎮海。在浙江東部和清軍一萬多人激戰，又大勝了。到第二年五月以後，佔領乍浦，進兵吳淞、上海。又合新由英國來的援兵，共一萬多人。於是定計深入內地，謀佔鎮江❶（丹徒）以斷南北的咽喉，截北方的糧道。鎮江的清軍大敗。於是到這年八月的時候，南京城也萬分危急。清政府這時計窮了，態度愴皇，達於極

---

❶ 鎮江爲鎮江府，丹徒爲附郭縣，當作"鎮江（治今丹徒）。"——編者註

點，急命耆英和伊里布趕到南京議和。

耆英和伊里布到南京與英使璞鼎查相遇於英軍艦上商議和局。璞鼎查提出英國的要求，清政府的代表也沒什麼辯駁，就承認了。和約即於這一年批准，第二年在香港交換。這是一八四二年的《南京條約》。條約的內容約如下：

（1）由清政府賠償鴉片損失和軍費共二千一百萬兩。先交六百萬兩，英軍即退出南京及上海。其餘佔領的地方，待賠償費交清時再退去。

（2）割讓香港，屬於英國。

（3）開放廣州、廈門、福州、甯波、上海爲通商口岸。許英國商人建立商館，攜帶家眷自由居住往來。

（4）以後國際間准用平等禮節。不得稱英人爲夷狄。

廈門等地方隨後都照約開放。惟廣州有些轇轕（見後）。這次條約公布以後，歐美各國皆大歡喜，爭派領事或公使來廣東。法美二國又特派大使，和清政府訂通商的和約。外國人注意商務，大非中國人可比了。

三、戰爭的影響

葡人租借澳門和尼布楚與俄人訂約，都在鴉片戰爭以前，但中國不能算爲失敗。惟這次戰爭結果，竟然鬧得割地賠款，開放口岸，大大的減損國家的聲威。還是託福有了這次戰爭，才挫折清政府的傲慢尊大的習氣。中國人的迷夢自此以後也快要醒覺了。這次戰爭至少先給我們一個軍事上的教練，使我們才知道自己的武力眞不可靠，後來才慢慢的注意起外人的政治組識了。再說，若不是這場惡戰，中國政府焉肯開放自己的口岸，任外人自由貿易呢？開放口岸，在一方面講，是與中國人也有利益的。可惜，把鴉片問題，自這次戰爭以後，竟擱置起再無一個人過問了，任外人隨便輸入，任中國人隨便吸食栽種，中國政府以後竟公然對於鴉片抽稅了（一八五八年，清咸豐八年），鴉片問題仍是中國現在未解決的問題啊！

問題
1. 英國從什麼時候起看重中國的通商？
2. 巴麻斯頓怎樣着手中國的通商。
3. 英國為什麼在中國通商佔第一位？
4. 鴉片在中國的來歷是怎樣？
5. 清政府對於鴉片問題的態度是怎樣？
6. 為什麼鴉片禁令不容易實行？
7. 林則徐的品行和禁鴉片的手段怎樣？
8. 英人對於鴉片戰爭的希望怎樣？
9. 英軍第一次北犯的結果怎樣？
10. 英軍在廣東議和的經過怎麼？
11. 英軍第二次北犯的情形怎樣？
12. 清軍為什麼不經戰？和戰敗的原因還有什麼？
13. 南京和約的重要條件是什麼？
14. 鴉片戰爭的影响怎樣緊要？

參攷書
1. 汪榮寶，許國英：《清史講義》第二十二章。
2. 劉彥：《中國近時外交史》第一章第二節、第三節。
3. 梁啓超：《飲冰室全集》第三十册《世界史上廣東之位置》。
4. 稻葉君山：《清朝全史》下卷，第五十六章至六十章。

第六章　英法聯軍來侵和俄人在東北部的勢力發展

一、英法聯軍來侵的始末

上海、寧波、福州、廈門，都照南京條約開商埠，不生問題。惟廣州地方，因人民仇外心盛，轇轕不已，急刻不能踐約。鴉片戰爭以後，廣東地方長官為伊里布、耆英、徐廣縉等，始終用敷衍手段對付外交，只圖目前無事就算了。鴉片戰爭以後，英國方面正熱心發展商務，所以也嚴誡香港總督不令釀事。因此廣州開放的問題竟延宕了十多年還不得解決。到一八五二年以後，葉名琛遷為廣東總督，英國的香港總督為包林（Boling）、駐廣洲❶的領事為巴克斯（H.S.parkes），這些人的性情都很暴躁，好爭意氣。因此中英間的衝突又發生了。

當時正逢清軍和太平軍在內地對抗，各處盜賊蜂起，廣東方面的盜徒勾結外人，偷漏鴉片。據說當時庇護鴉片商船的以英國為最力。中國方面官吏又很認真的究查，於是有亞羅（Arrow）事件的發

---

❶ "廣洲"今作"廣州"。——編者註

第六章　英法聯軍來侵和俄人在東北部的勢力發展

一、英法聯軍來侵的始末

生。一八五六年十月八日，有中國船亞羅號插英國國旗，載匪徒十數名，內有英國人兩名，在珠江內航行；為中國巡兵拿獲，交回廣東總督，並踏毀英國國旗。於是巴克斯不依，提起抗議，要求送回捕虜，並要求道歉。葉名琛也強硬不肯讓步。包林得知這種消息，發出哀的美敦書（Ultimatum）要求履行條件，並限二十四小時內答覆。名琛又置之不理。於是包林調集軍艦，攻破廣州城，焚燒衙署。此次暴動，全由包林一人主張，英國政府事前並未與聞。所以包林也不敢久據省城，妨碍商務，惹起國內的指斥。又印度當時也起了騷亂，英國急待武力壓服該地叛黨。於是這年十一月以後，忽然英軍退出廣州。葉名琛和廣州市民誤為英軍有所畏懼，氣燄囂張，焚燒商館及洋行，仇殺外人，不加分別！各國商人，因此都受了損害。包林等得到這種口實，急報本國政府，並蠱惑有關係各國政府的視聽。

一八五七年二月以後，英政府提出對中國宣戰案，交議會討論。議會當時反對的很力，謂保護匪人是很不名譽的事，包林不該擅自起釁。英政府不得已，解散議會，另行召集。巴麻斯頓乘此時在國內演說，鼓吹對中國宣戰。下屆議會開會，政府提案竟得通過了。英國又誘引法、美、俄各國一同出兵。美俄都不願附和。惟法帝拿破侖第三（Louis Napoleon）功名心熱，冀立威域外，收攬國內人心。於是合同英軍起兵東來。一八五七年十二月齊集香港，會攻廣州城。葉名琛傲自尊大，不設防備，城破被虜，後囚死於緬甸的仰光。英法軍從此代理廣州民政者有三年之久。

外人的真意所在，總不外通商，慣用恐嚇的手段，以取得利益。英法聯軍既在廣東得勝即協同美俄公使，帶兵北犯中國的海岸，想和清政府直接交涉。先遞出清政府要求派代表到上海談判，不得要領。於是，於一八五八年四月以後，到渤海灣，直航白河，攻入天津。清政府這時又大亂了，趕派桂良、花沙納，爲議和代表，到天津談判，定結《天津草約》。其中關係重要的如下：

（1）耶穌教徒准給護照，在中國內地各處傳教、遊歷。

（2）互派公使，住居京城。

（3）再開牛莊、登州（蓬萊）、南京、潮州（潮安）、淡水、台灣、瓊州（海南島瓊山縣）等處爲商埠。

（4）英法人民在中國犯罪，若兩造都是外人，由各本國領事裁判；若一造爲中國人，得由中外官吏會同裁判。

（5）約定減輕以前值百抽五的入口稅，並約定以後每十年協定稅率一次。

（6）賠償英國銀四百萬兩，法國二百萬兩。

（7）許法國軍艦屯駐通商口岸彈壓。

這種草約，最不利益的是四、五、七各條。四條即是允許外人的"領事裁判權"。這條若實行，中國的司法權受人限制了。五條即是與外人"協定稅率"。國家的稅率和外人協定以後，即不能保護本國的經濟獨立發展了。七條即是許開放內國河流給外人航行。此後無一處海口沒有外國的商船和軍艦了。這種草約簽字以後，規定次年在北京交換並批准正約。於是英法軍艦退出白河，英艦到了上海，又強行探測長江水道。當時長江流域正在太平軍手中。英人不避危險，上溯到漢口，停駐多日，測量形勢，然後回去。

英法軍去了，清政府又反悔了。命僧格林沁修整大沽口一帶的防備，大有不承認《天津草約》的意思。一八五九年六月，英法軍艦護送公使來北京換約，到白河口外，見河中木柵堵塞不得通過，要求通過，又不得答覆，於是想柝❶毀木柵強航。不料清兵伏兵

---

❶ "柝"當爲"拆"。——編者註

四起，一陣大殺，竟把敵人打出海口去了。英法敗軍和公使都退到上海，各報告本國政府，靜候解決。

英法兩國再次起兵東來。於一八六〇年五月以後，佔領舟山島，向北進行，齊集芝罘島，直到白河口外，見大沽堵塞，不易得手，才決計由北塘沽上陸。八月，佔領北塘沽，由塘沽回攻大沽砲台，陷天津。這時清政府議和代表又到了，但不得結果。英法軍更北進，至河西務。清軍抵抗於張家灣，八里橋等地方，大敗不支。通州（通縣）❶失守，北京危急，清政府求和不得，清帝咸豐於是棄北京逃至熱河了，留恭親王弈❷訢守城，主持一切。英法軍繞城至圓明園（北京西北），擾犯北京左近。到十月，清軍開城迎敵，北京於是失守了。英軍恨清軍前在通州時虜去巴克斯，百般污辱，竟焚燒粲爛的圓明園以為報復。隨後弈訢出來和英法軍在北京議和，除全部承認天津草約外。又增開天津為商埠，割九龍一部與英國，增英法的賠償費各為八百萬兩。於是罷兵了事。這時長江流域正是太平軍與清軍激戰呢。

二、俄人在東北部的勢力發展

自尼布楚定約以後，俄國對於東部西伯利亞和黑龍江流域，一則不甚注意，再則也怕和清軍衝突，得不到勝利。直沉默了一百五十多年，到尼哥拉第一（Nicklas）時才想紹述祖業，而舊話重提了。

---

❶ 此通縣乃1913年改通州置者，因此作者此注不誤，然前此之注有誤，尤其是將府與附郭縣等同對待，其不精于地理者若此。——編者註

❷ "弈"今作"奕"。下不再註。——編者註

一八四六年，俄帝尼哥拉第一見各國東方勢力狠盛，羨慕不已，於是野心發動，即派中尉噶維里羅夫（Gavrilof）率探險隊往黑龍江視測，謀振興百年前的事業。但是，這回探測沒什麼正確的結果。俄帝野心猶不少減，又於一八四七年，任命木拉維伊夫（Muravief）爲東部西伯利亞總督，與以全權，使專力經營黑龍江流域。又命聶維爾斯克（Nevelsky）組織東方海軍，和木拉維伊夫互相提攜，這兩人都有極大的野心和靈敏的手腕。當時清政府只仗着一般昏憒無識的滿人，作東北邊防上的將軍，以對付俄人，怎樣能不失敗呢？

一八四九年五月，木拉維伊夫由雅庫次克城（Irkutsk）出發，直到鄂賀次克城（Okhotsk）過鄂賀次克海，到堪察加半島（Kamchatka），觀察形勢，見彼得羅福斯克（Petropavlovsk）險要，即定爲東方軍港，設防守備。同時聶爾斯克探測黑龍江口，登彼得羅福斯克，過薩哈連島（Sakhalin）北方的海面，航行韃靼海峽（Jartary），探知薩哈連不與大陸接連（這時以前，地理家都以爲薩哈連是半島）。船行至此便可由南方直達黑龍江口，不必經過長期結冷❶的鄂賀次克海。於是大爲得意，即會遇木拉維伊夫，在黑龍江口南建立尼哥拉夫斯克城（Nikolayevsk）（一八五〇），捨去彼得羅福斯克。木拉維伊夫編可薩克人爲東方獨立軍隊，共一萬餘人，預備和中國衝突。於是佔據薩哈連島，經營黑龍江口一帶地方，殖民設防，到處遍插黑色的鷲旗了（前俄國國旗）。

一八五四年，克里米（Crimea）戰爭（俄國與英法土耳其戰爭）起，俄國怕英法艦隊由太平洋擾害東方事業，木拉維伊夫即建議由黑龍江運兵往河口堵防，一面可乘機奪取中國的主權。中國內

---

❶ "冷"當爲"冰"。——編者註

二、俄人在東北部的勢力發展

部這時正鬧的天翻地覆，沒有餘力去照顧北方。於是這年俄軍大隊卽由黑龍江上流安然航到河口，沿路到處探測。並在雅克薩上陸吊祭昔年戰亡將士，以激勵軍心。以後又有兩次通航（一八五五及一八五六）。軍隊旣輸送完畢，配置停妥了，然後要求中國劃界。這種安排，是狠周密的。一八五八年（清咸豐八年），本拉維伊夫運用靈猾的外交手腕，通知黑龍江將軍弈山道：

> 總督以緊急歸本國將過愛琿。貴國若欲以境界事件，與總督商議，可就歸途之便。但總督以急遽，亦不切望協商。

其實並無歸國的事實，不過藉此想使清軍不設防罷了。弈❶山昏庸，不知俄人奸計。便慨然應允了。及到開議時，見俄軍雲集，措手不及，於是竟不得不簽押割讓土地的《愛琿條約》了。條約中之要項爲下：

（1）黑龍江以北土地全讓於俄國但原住精奇里江以南的中國人民，仍得永久居留，歸中國官吏管轄（卽江東六十四屯地方）。

（2）烏蘇里江以東的土地，暫時作爲中立地。

（3）黑龍江、烏蘇里江、松花江，只准中俄兩國船航行。

同時俄國公使又協同英法聯軍在天津締結通商的條約，和各國享同等的經濟的權利。以後英法攻陷北京，清政府一時無人主持，和議停頓，俄公使伊格那提夫（Ignatief）乘此機會，往來幹旋：極力擔保弈訢的安全，出來擔任談判。以此得清政府的好意。事定以後，大索酬，追定《北京條約》（一八六○），其要項有二：

（1）以烏蘇里江、松阿察河、興凱湖、白稜河、湖布圖河、琿春河及圖們江一帶劃一直線，以西爲中國地方，以東爲俄國地方。

---

❶ "弈"今作"奕"。——編者註

（2）新疆未定的國界，以後應派員續勘。

經這幾次定約以後，我國共失去黑龍江以北，外興安嶺以南之廣大區域，及烏蘇里江以東之九十萬二千方英里之面積。俄人在我國東北部的勢力，陡然增大。俄國定黑龍江以北爲阿穆爾省（Amur）烏蘇里江以東爲沿海濱省，設軍港於海參威（Vladi-vostok）。海參威差不多是終年不結冰的，爲東方有名的良港。俄人能得到手，總算滿足了大彼得（Peter the great）以來的欲望了。

問題
1. 因什麼蹺蹊，英法聯軍來侵？
2. 《天津草約》中那幾點損失頂大？
3. 英法聯軍陷北京的騷擾情形怎麼樣？
4. 與英法所結的北京條約有幾種要點？
5. 木拉維伊夫和聶南斯克經營黑龍江流域的事跡怎樣？
6. 《愛琿條約》的要點有幾？
7. 與俄國所結的《北京條約》損失怎樣？

參攷書
1. 劉彥：《中國近時外交史》第二章、第三章第三節。
2. 稻葉君山：《清朝全史》下卷，第六十九章、第七十一章。
3. 憲法新聞社：《中俄立約始末記》，二一頁——四四頁。

第七章　太平天國的起落

一、太平軍起及南京建都

清朝自嘉慶以後，武力漸衰，防範漸疏，官吏貪贓苛刻，人民生計困難，於是迫不得已起來爲盜賊，爲亂匪，處處抗拒官兵。在這部近世史的初頁，除去對外戰敗一類事實以外，還算內亂這類事實與國家及人民最有關係，最感受痛苦呢。現在把道光以前的亂事，分歸中世史中叙述。這裏只叙道光以後的內亂，第一件就是洪秀全一起的太平軍了。

洪秀全當初，是廣東落第的秀才，有野心，常懷種族❶不平等的思想，極仇恨滿清。以後遷居廣西桂平縣（潯州舊治），和馮雲山、楊秀清等秘密運動，創上帝會，以宗教的手段收服人心，結集黨類。秀全後又自回廣東，從美國牧師羅拜茲（Isachar Roberst）受洗，學習耶穌教義，再到廣西宣傳。一切布置就緒了，然後揭竿而起，與清政府爲難。

這時廣西各處時常騷亂，秩序不靜。洪秀全等乘機於一八五〇年（清道光三十年），在桂平的金田村，聚集徒弟，宣告起兵。到第二年，以次佔領貴縣，過潯江，取武宣、象縣、永安州（蒙山

---

❶ 即民族。——編者註

縣)。於是建號稱王,氣燄大盛了。當時清軍屢易將帥,兵心散亂,戰爭不甚得利,到一八五二年二月以後,清軍才包圍永安城。秀全等棄城率衆北走,攻桂林(省城)不能破,於是捨去。直北向湖南,沿路破全縣、道縣、桂陽、柳縣、安仁、醴陵。圍長沙,兩月不能破,部下勇將蕭朝貴即死於此,於是過湘江向西,取常德、益陽。由益陽乘船過洞庭湖,直破岳州(岳陽)。在此得軍器很多(據說,這裏的軍器是昔年清軍平了吳三桂得來藏起的)。再入湖北,取漢陽,破武昌城。這時太平軍前進有兩條路:一向北入河南,取陝西,據險要,和清軍決勝於黃河流域。一向東據長江下流,交通利便,供給豐富,割據東南半壁,以抗滿清。這時上海已經開放,外人屯集,若遇有眼光的英雄,還可運用外交政策以致勝。秀全後來採取後一條路徑。於是大軍發武昌,順長江東下,連佔九江、安慶(懷甯)、蕪湖、太平(當塗),直破南京(一八五三年二月十日)。殺戮滿人很多。即定都於南京,設施種種計畫。

太平軍不能和一般的亂黨一樣看待,因爲太平軍是革命的,有目的有組織的。太平軍的目的大約有三種:(1)仇殺滿人,想推倒清朝,恢復漢人的勢力;(2)想建號稱帝,爲歷史上添一朝代——仍不脫歷史上相沿下來的革命宗旨;(3)宣傳耶穌教,但太平軍是利用宗教以爲收服人心的手段,並非眞實信仰。

太平軍的《奉天討胡檄文》上說:

……慨自滿洲肆毒,混亂中國。以六合之大,九州之衆,一任其胡行,恬不爲怪!中國尚爲有人乎?妖胡虐焰燔蒼穹,淫毒穢宸極,腥風播四海,妖氛慘五湖,而中國反低首下心,甘爲婢僕!甚矣中國之無人也!……罄南山之竹簡,寫不盡滿地之淫污,決東海之波濤,洗不淨彌天之罪孽。……

這是排滿的正式宣言書。又洪秀全嘗對人說:"三合會之目

第七章　太平天國的起落

一、太平軍起及南京建都

的，在反清復明。其會之組織，在康熙朝，其目的亦可謂適當。然至二百年之今日，反清可也，復明則未知其是。吾既恢復舊山河，不可不建立新朝。今時尚用復明之語，焉能震起人心耶？……"他是要自己稱皇帝的無疑了。太平軍的組織及設施，多參雜耶穌教的色采，現在一一敘在下面。

（一）軍隊的組織及訓練。太平軍都不剃髮掉辮。軍隊編制：設"伍長"管四人，"兩司馬"管五伍長，"卒長"管四兩司馬，"旅帥"管五卒長，"師帥"管五旅帥，"軍帥"管五師帥，軍帥共管一二一五五人。師帥與旅帥都分前後左右中五營；卒長分壹貳叁肆伍；兩司馬分東西南北。軍帥上有"監軍總制"及"侍衛"。據一八五八年的調查，南京有兵男女各五十萬以上，就營規看，可知訓練很嚴。太平軍營規十條，抄錄於下：

（1）恪遵天令。

（2）熟識天條，讚美，早晚禮拜，以感謝頒布之規矩及詔諭。

（3）因欲練成好心腸，不得吸煙、飲酒，宜公正、和平，毋得弄弊、徇情、順下、逆上。

（4）同心合力，各遵有司。不得藏兵器，及收匿金銀器飾。

（5）男營與女營有別；不得授受相親。

（6）宜熟諳日夜點兵、鳴鑼、吹角、搖鼓之號令。

（7）無事勿得過他營，行別軍；以荒誤公事。

（8）宜學習為官之稱呼、問答、禮別。

（9）宜整軍裝槍砲，以備急用。

（10）不許謊言國法、王章，訛傳軍機、將令。

軍隊有女營，這是古今中外歷史上的特例了。

（二）建名號及封王。洪秀全自己稱為"天王"，建立太平天國名號，封楊秀清為"東王"，蕭朝貴為"西王"，馮雲山為"南王",韋昌輝爲"北王",石達開爲"翼王",洪大全爲"天德王"秦日綱、羅亞旺、范連德、胡以晃等四十八人都爲丞相、軍師等官。又封有功將士八百多人,授以職位,這種榮典,是在永安州的時候舉行的。到南京以後,又考試進士。

（三）南京的均產制度。南京當時的女營,大概是由各處虜來或自願跟來的女人組成的。男人帶來的也很多。據說南京城設有男館及女館,供這些人共同居住,傳佈宗教。一八五三年到四年❶的期間,統計館中男女共有二十四五萬人。當時又創行門牌制,稽查戶口,分田地爲九等,按人授田耕種。以一年爲限。至於實行這種制度的意思,據他們說是:"天下之田,天下之人同耕之。此處不足,遷移彼處;彼處不足,遷移此處。"又說:"凡天下之田豐荒相通,此處若荒,移彼豐處,以賑此荒處;彼處若荒,移此豐處,以賑彼荒處。務使天下共享天父上帝之大福,有田同耕,有飯同食,有衣同穿,使地無不均勻,使人無不飽暖。"這不是實行均產主義嗎？這不是一個烏托邦（Utopia）的試驗嗎？

（四）改歷及宣傳耶穌教。尚在永安州的時候,即制定太平天國新歷,以三百六十六日爲一年。一八五一年二月三日,即是新歷的元年正月元旦。這種歷書據說曾確實實行過。洪秀全對於耶穌教的解釋,不同西洋教士一致。他自稱是上帝的第二個兒子。耶穌是他大哥。西洋教士是不承認這話的。他對於耶穌教義也別具觀念。他發行《天條書》《原道醒世詔》《幼學詩》《三字經》等,灌輸宗教知識。《原道醒世詔》中說:"天下凡間,分言之有萬國,統言之實爲一家。天下男人,盡是兄弟之輩；天下女子,盡是姊妹之羣。何得存此疆彼界之私？"這是博愛的眞精神了。又嚴禁婦女纏足,買賣

---

❶ 即1854年。——編者註

奴隸，作娼妓，人民納妾，飲酒，吸煙，賭博，吸鴉片，虛偽，淫亂，殺害，偷盜，作巫，等等。這等社會上惡風，到現在更加風盛了。我們對於太平軍的這點精神得表相當的敬意啊！

太平軍建都南京以後，歐美各國都很注意。英法公使都曾親到過南京，觀測情形。見太平軍整齊，又信奉耶穌新教，於是和美國公使，各以實情報告本國政府，宣告確守局外中立（一八五三年）。若太平軍以後能重視外交政策，乘機利用，或者可以成功呢。

二、太平軍和清軍激戰

太平軍佔領南京以後，計畫三路作戰：（一）出兵北伐，直搗北京；（二）掃蕩南京左近清軍，鞏固基礎；（三）攻取安徽、江西，佔據武漢，經營長江上流。

第一路又分兩次出發。第一次出發的統將為林鳳祥。一八五三年四月，由安徽鳳陽，直抵河南歸德（商邱），過黃河，佔領懷慶（沁陽）。在這裏和清軍小戰，不能勝。於是繞道山西，攻下平陽（臨汾）。再東轉入直隸的藁城，為清軍勝保在這裏打敗。又向東攻陷深縣。恐北京有重兵駐守，所以不敢輕犯，直東抵天津南靜海、獨流鎮一帶，和清軍對抗。又以後向南退到阜城，和清軍僧格林沁激戰，全軍敗沒（一八五四）。第二次出發的為救援第一軍的，主將為吉文元、李開芳。一八五三年十月，由安慶出發，取桐城、舒城、合肥，直抵山東臨清，為清軍遮住。到一八五六年四月，戰敗，投降清軍。

南京左近有隨後趕來的清軍向榮等，屯駐揚州（江都）、鎮江

（丹徒）及江南北岸，窺視南京。至一八五六年，爲太平軍各路聯軍完全撲滅。於是太平軍往來江浙，自由取給東南糧米。

第三路和北伐軍同時出發，分攻安徽、江西及沿江各地，這年（一八五三）再到湖北，攻奪武昌、漢陽，及臨近十幾縣，犯湖南，入洞庭湖，一時聲勢大盛。當時曾國藩已奉清政府令，在湖南編練鄉勇，造船，練水師，保衞地方，預備和太平軍抵抗。一八五四年二月以後，曾國藩帶水陸兵一萬多人，順湘江北向，恢復岳州，出洞庭湖，圍攻武昌，戰敗太平軍。羅澤南、彭玉麟皆號稱驍勇。湘軍的聲威於是大震了。武昌既得，湘軍卽日東下，和太平軍陳玉成激戰於田家鎭，斬斷江中鐵索，大得勝利。圍九江，攻湖口，救南昌。不料水師陷入鄱陽湖中，爲太平軍從湖口隔斷出路。從此以後六年多，爲曾國藩困守江西的時期。

太平軍截斷清軍水師以後，軍勢大振，於是於一八五五年，三佔武昌。清軍由江西回救，勇將羅澤南戰死。太平軍自此也棄武昌東去。以後清政府命胡林翼固守武漢，籌備糧餉，爲湘軍定東征的根據地。勝敗的關鍵，卽在於此。從此以後，兩軍激戰於安徽、江西中間，四五年間，互有勝負。當此期間，一方太平軍中起了內訌，韋昌輝殺楊秀清，石達開殺韋昌輝，洪秀全又疑忌石達開，石達開自帶一軍出走，謀圖四川，和洪秀全脫離關係。這是太平軍亡滅的徵兆。幸有李秀成、陳玉成兩個勇將起來支持危局，延長了太平軍數年的命運。一方清政府正和英法聯軍衝突，提兵調將，也顧不得專力經營長江流域。一八六〇年以後，兩軍都無內部的牽掣了，於是正好決一最後的雌雄。當時太平軍方面，統率大兵，佔據安慶一帶，謀攻江西的爲陳玉成；帶兵百萬，往來江浙，拱衞"天京"，進取上海，達海上通路的爲李秀成。清軍方面，曾國藩親駐祈門❶，堵防江西；曾國藩和包超圍攻安慶，經營安徽；左宗棠由江西入浙江防守；李鴻章練兵上海，和華爾（Mard）、戈登（Gordon）統帶的常勝軍協同動作，憑藉外力，恢復江蘇。

一八六〇年八月，曾國藩克復安慶，陳玉成敗走安徽北部，爲同黨誘陷被殺，太平軍去一半勢力。曾國藩節節進攻，取貴池、銅陵、無爲。安徽各地全降。進奪東梁山、金柱關、秣陵關。一八六二年以後，圍攻南京。同時左宗棠恢復杭州（杭縣），浙江的防禦逐漸堅固。李鴻章和戈登由上海進取太倉、崑山、蘇州（吳縣）。李秀成雖勇敢善戰，終不敵三路的牽制，於一八六二年八月，先謀解南京之圍，不得手，因要求洪秀全遷都，秀全不允，於是君臣只得困守孤城了。到第二年四月，曾國藩佔領雨花台，直攻南京城，偷穿地洞。一八六四年六月，地洞轟炸，城牆崩倒二十餘丈，清軍進城，李秀成兵敗，被虜殺。洪秀全早於城未破時服毒死，其子洪福出城逃走，後被追殺。太平天國於是滅亡。

三、太平軍別支的擾亂*及太平軍的影響

洪秀全等由永安州北走以後，仍留一部分人在廣西騷擾，以後波及到廣東。福建、浙江，同時又有匪徒蜂起，到處搶劫。石達開出走，由江西、福建，繞到湖南南部。部下在這裏又分作兩股，一股仍回福建，自帶一股由貴州到四川，想據長江上游，以成鼎足之勢。以後爲四川總督勦滅。

---

❶ "祈門"當爲"祁門"。——編者註
*這是作者對太平天國的蔑稱，下文的"騷擾""亂事"亦屬此類。——編者註

當陳玉成經營安徽的時候，命陳得才去結連安徽北部和河南的捻匪❶（見後）。陳得才由湖北入武關，到漢中，騷擾陝西中部。以後聽得南京城破，帶兵由潼關到河南、湖北，爲清軍撲滅。南京城破以後，李待賢、汪洋海，又帶殘餘人馬，擾江西、浙江、福建、廣東，不久也爲清軍撲滅。

總計自一八五〇年金田村起事，至一八六四年南京城破，整十四年。在此期間，直接受過亂事的地方，共有十六省，廣西、湖南、湖北、江西、安徽、江蘇、浙江、福建、廣東、山東、直隸、山西、河南、陝西、四川、貴州。武昌城破了三次，漢陽城失了四次，安慶城被太平軍佔了九年，南京城被太平軍佔了十二年。由武漢到江、浙，此間長江兩岸，都是最遭劫最傷慘的戰場。死的人眞不知有幾百萬；東南富庶之區，消耗殆盡，無論清軍或太平軍，都有些盜賊的行徑。所過的地方，虜掠燒殺，無所不至。據說清軍比之太平軍，尤其橫暴無理，清政府因供給不及，任意抽捐，及立釐金的名目，搜括人民脂膏。不合法的負擔，人民到現在還不能免除。至於利用外力以平內亂，啓外人干涉內政的開端，更是失策。亂定以後，解散過量的軍隊，因辦理不善，使退伍軍人秘密結爲會社，到處滋事，哥老會之名由此大盛。曾、左、李等因功封"侯"封"伯"，從此漢人勢盛，滿人勢衰；乃至滿清末年，他們的勢力結爲一個團體，即北洋派之前身，對於亡滿清，亂民國，都是大有關係的。由此看來，太平軍起落的歷史，是與中國的政治及人民的生計，大有關係的，也值得敘述。

---

❶ 作者由於時代局限，對太平天國起義、捻軍起義等評價與我們現在有別，請讀者注意此類問題。——編者註

三、太平軍別支的擾亂及太平軍的影響

問題

1. 清嘉慶以後，國內因什麼多亂？
2. 太平軍的目的是什麼？
3. 清軍初時爲什麼不敵太平軍？
4. 太平軍由廣西到南京的經過是怎樣？
5. 太平軍的組織怎樣？
6. 太平軍定都南京以後的作戰計畫怎樣？
7. 太平軍北伐的經過怎樣？
8. 太平軍二次取武漢，和曾國藩的準備作戰是怎樣？
9. 湘軍爲什麼能得勝？
10. 湘軍第一次得勝和挫折怎樣？
11. 戰事爲什麼延長？
12. 兩軍最後的決戰怎樣？
13. 太平軍別支的騷擾怎樣？
14. 戰事的影響怎樣？
15. 太平軍組織爲什麼對於中國的影響不大？
16. 武漢的形勢和戰爭有什麼關係？
17. 清軍爲什麼能得最後的勝利？

參攷書

1. 稻葉君山《清朝全史》下卷，第六十二章至第六十六章。
2. 黃鴻壽：《清史紀事本末》卷五十一。
3. 羅惇曧：《太平天國戰記》，（載《庸言報》第二十二號至第二十四號）。
4. 王闓運：《湘軍志》。
5. 《太平天國外紀》。（商務印書館譯）。

第八章　捻回亂事*和伊犁交涉

太平軍一場戰爭，結果東南各省大受痛苦，在前章已經述過。繼着太平軍的就是回亂，騷擾西北各省，結果痛苦不減於東南，更惹起俄人的野心，幾乎釀起中俄的衝突。又和太平軍及回亂都有些勾結的是捻亂，也騷擾山東、河南幾省，勢很利害。現在一並述在這裏。

一、捻亂及雲南陝甘回亂

（一）捻亂。捻匪的起原，據說在康熙的時候。當時山東各地流民結黨成羣，有拜幅拜捻的派別。捻字的意思，現在沒人能解釋。有人說安徽東部人稱一羣爲一捻，捻匪就是羣匪。太平軍佔領南京的時候，捻匪也在山東、河南、安徽接界的地方騷擾，首領爲張樂行、李兆受，常和太平軍通聲氣。以後清軍和太平軍激戰的時候，同時捻匪也和清軍勝保、僧格林沁在河南、山東各地時常戰爭。再後張樂行戰死，由他的兒子張總愚和任柱、賴文光一夥指揮徒黨，抗拒清軍。一八六五年（清同治四年），在曹州（荷澤）大

---

* 這是作者對"捻軍"的蔑稱，"捻亂""捻匪"亦同此，欠妥。——編者註

戰，殺清軍勇將僧格林沁。於是清政府才知道"旗兵"不可恃，捻匪不可輕視了。卽命李鴻章、劉銘傳、劉松山等帶兵分路勦捕。這時捻匪分爲兩大股，東捻、西捻。東捻首領爲任柱、賴文光，入湖北，再由湖北騷擾河南、山東，向東過運河，蔓延山東半島一帶，爲李鴻章、劉銘傳一路清軍撲滅。西捻首領爲張總愚，入陝西，受清軍劉松山的壓迫，竄向山西、直隸，擾亂保定（清苑）、天津一帶以後到山東才被撲滅。一八六八年，捻匪全被撲滅。

（二）雲南回亂。回族居住雲南地方，據說起於唐代（八世紀）。以後人口繁盛，和漢人雜處，起衝突。太平軍興起，回人也想在雲南作亂。一八五五年，回漢人民在建水地方因爭銅鑛釀亂，同時各地的回人響應。馬金保、藍平貴叛於姚安；杜文秀叛於蒙化，攻陷大理。馬世德據建水，通海一帶；馬和、馬貴據澂江、江川、呈貢、普甯、宜良，直攻省城昆明。這時清政府正對於太平軍作戰，顧不得雲南，所以回亂的範圍漸次擴大了。以後馬先❶和杜文秀不和，帶馬如龍歸降清軍。清軍岑毓英、楊玉科合力征勦，恢復澂江一帶，攻陷大理，殺杜文秀，回亂於是漸就平復（一八七三）。據說，杜文秀曾派人到英國求助，英政府不應。馬如龍曾在安南購買法國軍器，使法人由紅河送入。由此法人使想得紅河的通航權了（見後）。

（三）陝甘回亂。雲南的回亂起了，陝甘的回人同時也想作亂。這兩省的回人大概也是從唐代移居的，統名爲東千回，和漢人雜居，但和漢人不通婚姻，習慣各異，信奉回教，所以民族間的衝突是常不能免的。太平軍別支陳得才擾陝西時，陝西回人暗中有所勾結，並和河南捻匪通聲氣。一八六二年，起事於渭南，殺陝西團

---

❶ 上文無"馬先"之記載，此處出現頗顯突兀或爲誤字。"馬如龍"亦同此。——編者註

練使張苪，往來渭河兩岸，殺燒人民無算。亂平以後，渭河流域二十餘縣，地無人種，房無整間，景象實在可慘。清政府命勝保、多隆阿進討。多隆阿善戰，到處得勝。到第二年，陝西全部平靖，回人逃於甘肅，多隆阿也死在盩厔。

於是清政府再命左宗棠專力經營陝、甘。左宗棠進兵陝西，分三路作戰，劉松山由綏德進兵花馬池（鹽池），爲北路；周開錫由鳳翔進兵天水、隴西，爲南路；左宗棠親帶大兵，駐乾縣，盡驅回匪入甘肅，爲中路。這時甘肅回亂的情況：馬化龍一股佔據甯夏、金積一帶最爲強大；馬彥龍、馬占鼇等佔據導河、狄道一帶，爲一股；馬桂源起事西甯，爲一股；馬文祿起事酒泉，爲一股。甘肅各處都爲回人騷亂了。清軍北路節節得勝。後劉松山戰死，由侄子劉錦棠代理指揮，破金積，殺馬化龍，甯夏方面平靖（一八七一）。以後清軍會攻狄道、導河、西甯，抵酒泉，回匪半多投降，惟馬文祿、白彥虎帶殘黨逃入新疆。甘肅回亂全平（一八七二）。

二、新疆回亂及伊犁交涉

陝甘回人起事，新疆回人同時也陰謀獨立。一八六四年，有回人阿衡妥明在迪化勾結回人領袖，陰謀起事，殺清提督，連陷昌吉、阜康、奇台、綏來各縣。又佔哈密、吐魯番。天山北路，一時全失。南路回人也起兵響應。金相印勾結雅克布白克佔據英吉沙、疏勒一帶，天山南路也脫離清軍的羈。妥明稱清眞王，後爲雅克布白克打敗，所以勢力不甚強大。雅克布白克幾乎全有新疆，建立喀什噶爾王國，派使到英俄，運動承認。又因與土耳其同一宗教，所以使人也到過君士但丁（Constantinople）。

左宗棠既平定陝甘亂事，即想勘定新疆。初時清政府尚不肯贊成，因軍費太大，無法籌措，後來左宗棠堅持原來主張，清政府方才把主意定了。一八七五年，開始調度，分派金順、劉錦棠、張曜等進攻天山北路，迪化各城以次恢復。再由哈密、吐魯番向西南前進，清軍步步得勝，攻阿克蘇，圍喀什噶爾（疏附），雅克布白克自殺，天山南路全靖（一八七七）。於是新疆除伊犁（綏定）一處以外，又全歸清軍所有了。當喀什噶爾尚未攻克的時候，北京英公使爲雅克布白克有所要求，左宗棠奏中說："英人爲雅克布白克計果出於至誠，則宜先割印度與之。今天山南路，以劉錦棠之三十二營，不難克復。英公使若欲有言，請其來肅州（酒泉）大營商議。……"這種的對外態度，是何等的強項呀！

俄人擴張土地的野心，本不能滿足。愛琿和北京兩次條約得去的利益，已經駭人聽聞，這時又想在我國西北部開拓了。當妥明佔據迪化的時候，一時隔斷清軍的勢力。俄人即乘機進兵佔據伊犁；設防駐守，管理行政，居然認爲自己的領土。一方假意通告清政府，說是替中國保全領土。清政府這時也沒有什麼方法，只好等待新疆亂事平後，再作道理。新疆亂事平的很容易，俄人當時亦大爲吃驚，於是收回伊犁成爲一大問題了。清政府派崇厚到俄國交涉。崇厚無識，受俄國多方的壓迫和欺騙，草成收回伊犁的草約。其中要項有：

（1）俄國歸還中國伊犁。

（2）中國償還俄國佔領費五百萬盧布。

（3）割讓特克斯河流域與俄國。

特克斯河是伊犁河的支流，携許多小支流向東北流入伊犁河。這流域成一片平原，土肥草美，耕牧都便。這裏若劃歸俄國，伊犁城便隔斷在極西，不能守禦了。這是無識外交官的遺誤，這是很失敗的條約。

這種消息傳回國來，左宗棠首先反對最烈，其餘反對人很多。一時反對的奏章如雪片紛飛，清政府也決定不與批准，並要給崇厚加罪。俄國方面調兵動將，大有宣戰的形勢。後來經人調停，才不至於衝突。於是清政府再派曾紀澤到俄國去改定崇厚條約。曾紀澤斡旋多日，苦心經營，才把約中失敗的條件修改了一部分。這是一八八一年的事（清光緒七年）。

其中要項如下：

（1）伊犁仍舊歸還，又爭回特克斯河流域。

（2）償還佔領費增爲九百萬盧布。

（3）霍爾果斯河以西的地方歸於俄國。

（4）俄人在天山南北路及蒙古各旗貿易暫不納稅。

（5）俄國照舊約在伊犁、塔爾巴哈台（塔城）、喀什噶爾、庫倫、得設領事外（載《北京條約》），又得在肅州（即嘉峪關❶）、吐魯番，添設領事。又科布多、烏里雅蘇台、哈密、古城（奇台❷）、烏魯木齊❸（迪化）五處，俟商務繁盛時一律設領事。

霍爾果斯河以西尚有一大片地方是中國的，仍舊給俄國佔去，這是失敗的第一點。增加賠償費，擴張俄人經濟的勢力，這是失敗的第二點。不過較量曾紀澤的條約總比崇厚草約強的多了。事後照約劃界，清政府的派員不諳地理形勢，誤將齋桑淖爾（淖爾是湖的意思）劃歸俄國。從此以後，西北部對俄國的邊界劃清楚了。

---

❶ 前文以酒泉爲肅州，今又以嘉峪關爲肅州，顯誤。肅州乃直隸州，1913年改酒泉縣。——編者註

❷ 民國時奇台縣治古城。——編者註

❸ 烏魯木齊城爲民國迪化縣治所。——編者註

曾紀澤是國藩的兒子，做過駐各國的公使，明瞭外界的大勢，及各國的強弱，在當時是一位難得的人才。關於伊犁交涉的奏中說：

竊維伊犁善後之計有三大端，曰劃界，曰通商，曰償金是也。而對俄之方略亦有三，曰戰，曰守，曰和是也。今之主戰者，則以爲……一鼓可復伊犁。臣愚以爲不然。……夫俄人所長在陸軍，然其經營東方，則恃海軍。……其海軍力之彌滿於東方者已久。……欲以伊犁爲啓釁之由，以牽制我之兵力，然後以海軍之力，擾我東邊也。蓋俄之主力，在海而不在陸，俄欲侵擾之區，在東而不在西也。我中國苟欲與俄人戰，非在東海上不可。而回顧海防之準備，果何如乎？……或有謂歐洲列強之中，忌俄國之強大驕橫者多；能使其互相連合，以恍俄人，爲計甚便。臣愚以爲是徒襲往昔戰國之陳論，斷不能再行於今日者也。……泰西列國，雖不盡民主，而國之大政，多爲國會議員所主持。……故今日之勢，雖有蘇、張之舌，隨、陸之智，遍叩各國議員而遊說之，亦難以收同力抗俄之效。……由此觀之，則主戰說之非計，亦可知矣。

問題

1. 捻亂的情形怎樣？
2. 雲南回亂的情形怎樣？
3. 陝甘回亂的情形怎樣？
4. 新疆回亂的情形怎樣？
5. 伊犁交涉的經過怎樣？
6. 特克斯河流域怎樣重要？
7. 《伊犁條約》究竟的損失怎樣？

參攷書

1. 稻葉君山：《清朝全史》下卷，第六十七章，第七十五章至第七十七章。
2. 劉彥：《中國近時外交史》，第三章第四節。
3. 汪榮寶、許國英：《清史講義》，第二十七章至第二十九章。

4. 黃鴻壽：《清史紀事本末》，卷五十二，卷五十五，卷五十七。

5. 憲法新聞社：《中俄立約始末記》，八一頁——八八頁，一〇一頁——一〇六頁，一二一頁——一二六頁。

第九章 內亂後的清政府及西南邊地的喪失

自太平軍滅亡及回亂平定以後，曾國藩、左宗棠、李鴻章等對於勘亂出力的漢人，一時登庸顯進，爲清政府支撐門面，國內藉以少安。當時朝野上下都受外交失敗的影響，卽平日排外最力的人士亦承認西洋人的船堅砲利，戰術精良。於是着手整頓軍備，鞏固邊防，爲清政府一時最得意的文章。及至安南屬地受法國侵略，清政府起而力爭，繼之以宣戰，受法國海軍擊毀閩江口南洋海軍根據地，西南邊地以次損失殆盡，而滿清中興事業已破壞一大半，這一章先敍述滿清帝室及內亂後之興復事業，以次及於西南邊地喪失之緣起。

一、滿清帝位的緜延

當初通古斯族（滿族）以東三省的長白山左近爲根據地，漸次繁演而強大。乃至明朝末年，稱雄東北邊外，征服朝鮮，連敗明軍，招降東三省和蒙古一部的野蠻人種。再後乘中國內亂，侵入關內（山海關），撲滅明朝遺族，統一本部各省。又憑藉本部的勢力，向四方發展，以次戰勝西北邊外的蒙古族、回族及西藏族。到乾隆時，清政府的領土廣大，兵強財富，所謂滿人的極盛時期。滿人與漢人的種族界限很深，常不相容，自明亡以至太平軍起事，漢人的排滿舉動時常是發作的，不過氣燄不甚盛大，隨起隨滅罷了。至於清室諸帝，按照舊史家的批評，亦有賢與不肖的分別。不過賢則保境安民，不肖則禍國殃民，仍不外在中國舊歷史的軌道上繞圈子，對於世界的思想制度究不能有所適應，所以是無關緊要，不須細述的。茲列清室帝位承繼表於下，以供讀舊史者參考：

（一）順治（世祖）十八年。(二)康熙（聖祖）六十一年。(三)雍正（世宗）十三年。（四）乾隆（高宗）六十年。（五）嘉慶（仁宗）二十五年（六）道光（宣宗）三十年。（七）咸豐（文宗）十一年。（八）同治（穆宗）十三年。（九）光緒（德宗）三十四年。（十）宣統，三年。──共二百六十八年。

二、亂事以後的內政設施

　　曾國藩、左宗棠、李鴻章等都有掃平內亂的大功，因得參預清政府的大計。那拉太后是同治的母親，又是選立光緒的主動人，因得把持政權，任意設施。這是一位清政府內台的人物。那拉這位婦人的私德和公德都很糟糕，也無須深究。我們最好是先知道當時曾、左、李等的見識，是與敍述亂事以後的內政設施很關重要的。當時有外人的言論，批評得最好，現在節錄在下邊：

　　自經鴉片戰爭，北京陷落……之後，中國人始漸知歐羅巴人之實力。……故今則孜孜以謀改良進步。……其重要之首圖，則在輸入歐洲兵事上之進步於本國。……惟於募兵之制度如何，軍人之精神如何，兵粮如何，訓練如何，凡此重要問題，悉不措意。約言之，只知擴張兵備，而內政不能同時整理。

這時清政府只稱道西洋人的船堅砲利。曾、左、李等只知道製槍練兵，一切設施都是本着這種見解進行的。現在把當時的事業分敍在下邊。

（一）經營軍備。太平軍滅亡以後，曾國藩在上海創設機器局，製造槍砲；設同文館，學習外國语言，養成通譯的人才。以後天津、廣州、福州、吉林等處都設起機器局。吉林機器局一日能製出三萬顆子彈。李鴻章創辦南北洋海軍，南洋海軍駐福建，廣東沿岸，北洋海軍駐東海、渤海的各港灣。又在馬尾設船政局，修造戰船。派人往英、德、法各國的船廠、砲廠，學製造及駕駛之術。這就是軍備的經營了。以後南洋海軍爲法國艦隊擊毀於閩江口（一八八四），北洋海軍爲日本艦隊擊毀於黃海（一八七四），把多年的苦心，竟成了一場幻夢。

（二）設置行省。新疆、台灣都早爲清朝的領土，但與內地不同，沒設置行省。自有伊犁交涉及日本征剿台灣生番❶以後（一八七四），才刺激起清政府的覺悟。新疆（一八八二），台灣（一八八六）以次改爲行省，視同內地一樣。台灣以後割讓與日本（一八九五），新疆提倡改建行省，是狠久的（龔自珍有《新疆改建行省議》）。此後西北領土才不至於動搖了。

（三）辦理教案。自從英、法訂結《天津條約》以後，外人方才有內地傳教的自由。但一般人民仇視外人很甚，罵洋教，殺洋人，燒洋堂，交涉層出不窮。單就情形重大的，一八七〇年，天津燒毀教堂，結果法國起來抗議；一八七五年，雲南殺馬加里（英

---

❶ 此指1874年日本侵略中國台灣之事。——編者註

人），結果與英國訂結《烟台條約》（一八七六）；一八九一年，長江流域大殺教徒；一八九九年，四川捕拿孚爾里（法教士），直到拳匪大亂以後，教徒才確實得到傳教的安全。

自此以後，耶穌教徒的氣燄大盛於前了，地方官加意保護，不敢稍有疏忽，人民畏教徒更甚於官吏，奸猾之徒藉洋人勢力凌虐同胞，宗教事業一變而爲助長作惡的工具了。至於因宗教上的突衝，釀起中國土地及利益之喪失（爲廣州灣及膠州灣之租借是），或藉傳教事業作各本國政府之偵探，更帶上侵略主義之臭味了。

除以上三宗以外，還有設置總理各國事務衙門以辦理外交事件，聘用外人爲顧問，海關監督，及陸海軍教練，興辦郵政、電報，派遣駐外各國公使，都是很開通的設施了。

三、安南屬地喪失及其影響

中國本部西南邊外，有一大塊土地，地理學上稱爲印度支那半島（Indo-Cnina）。半島上氣候和暖，河流便利，土壤肥沃，物產豐富，海岸曲折，多良港灣，這實在是很好的一塊地方。半島上原有三個不文化的國家：安南（Amnam）、暹羅（Siam）、緬甸（Burma）。三國從來和中國交際很多，所受的影響也很大。在清代武力盛時，這三國在名義上都是中國的藩屬。自東印度航路發現以後，西洋人爭相攫奪東方的利益。印度與中國都是文明的古國，尚且幾乎不能自保，所以這三國的壽命，更可想而知其窮厄了。這些地方失去以後，外人的勢力直接接觸我國的西南部地。從此西南部的紛爭以起，權利利益喪失不小，更釀起現在種種未決的轇轕。我

三、安南屬地喪失及其影響

們先講安南屬地的喪失，隨後再講緬甸與暹羅的事件。

自阮福映（稱嘉隆王）恢復安南全部以後（一八〇二），一方朝貢中國，一方又因借過法國教士及軍人的幫助，許與割地、通商及佈教的利益以為報酬。後來嗣位的國王不肯履行條件，人民又極力仇外，因此法人含怒。直到英法聯軍與中國衝突以後，法人乘出兵之便，進攻下交趾（Low Cochin），佔領西貢（Saicon）。結果歸安南人失敗，訂約，割地，賠款以和（一八六二）。從此以後，法人步步進迫，由南而北，目光注射到東京灣方面，想佔據海防、河內，再由紅河以通中國的雲南。這時正當雲南回亂。有法國商人久辟伊（Dupuis）和清軍馬如龍交涉，請由紅河輸送餉械。後得馬如龍的允許，果由紅河上航雲南幾次，於是法國才知道經營北部安南的重要。隨後用武力壓迫，用外交手段欺騙，種種陰謀，始和安南訂約，不承認中國的主權（一八七四）。當時李鴻章經營南北洋海軍，武力稱盛，正欲藉此一試，於是中法間的衝突起了。

法國壓迫安南，屯駐大兵於東京灣方面。清政府命雲南、廣西兩省向安南進兵，結合太平軍餘黨劉永福所帶的黑旗兵，註屯山西、北甯、興化一帶，其數不下三萬餘人。至一八八三年（清光緒九年），中法兩國調和無效，於是開戰。法軍連勝，佔山西、興化，向北追逐清軍，直至諒山、宣光一帶。這時清政府忽又變計主和，命李鴻章與法公使談判。後因議論複雜和議不能成功。諒山方面，兩軍又起了衝突。法國命孤拔（Courbet）帶海軍侵擾我國沿海，攻台灣的基隆，擊毀南洋海軍於福州的閩江口，封鎖長江口，清海軍大受挫折。但諒山方面的清軍馮子材與李秉衡大得勝利，殺傷法軍很多。岑毓英一路的雲南軍也戰敗了法軍。戰鬥正到酣處，忽然接到和議成立，停止進兵的命令，於是將士灰心，功敗於垂成了。和約的要項如下：

（1）中國承認安南爲法國的保護國。

（2）中國得開勞山以上，諒山以北兩處爲商埠（龍州、河口）。

（3）中國南部築造鐵路時得雇用法國人。

這種條約以后，又訂通商及劃界的條約。於是安南屬地的主權完全喪失，而雲南、廣西邊外的界線也因此劃定了。

四、緬甸、暹羅喪失及英法在西南部的勢力發展

英人征服印度以後，即和緬甸接界。緬甸的文化更在安南以下，於是更不能保存了。一八二六年，英軍征緬甸一次，結果迫緬甸訂約、賠款、割地。一八五一年再征緬甸，奪取仰光（Rancoon）。一八八五年，英國發大軍，上航伊拉瓦底江（Irowadi），直取緬甸都城曼德來（Mandalay），緬甸王投降。前後不到兩禮拜，緬甸民族亡國，這是歷史上空前的奇事。

緬甸、安南既亡，暹羅民族理應不能立國了。但暹羅介在兩強國勢力之間，以列強勢力維繫之故，藉以保存。於是英法共同擔保暹羅獨立，作爲兩國緩衝地帶。這是列強避免衝突之妙法，如英俄之對於波斯，亦含有這種用意。暹羅從此不再承認中國的主權，中國又無餘力干涉遠方，這名義上的屬國於是和我們絕緣了。

緬甸地界緊接雲南，所以英國對中國的劃界及通商問題，又得有所要求了。自經一八八六年和一八九四年兩次的中英條約，結果如下：

（1）英國仍承認緬甸照常例十年遣使進貢中國一次；但其使節限於緬甸種族。

四、緬甸、暹羅喪失及英法在西南部的勢力發展

（2）中國承認英國對於緬甸有最高主權。

（3）自北緯二十五度三十分，東經九十八度十四分，向南至北緯二十一度二十七分。東經一百度十二分，為兩國邊界。（北緯二十五度三十分以上的邊界，到現在還未確定。）

以上是敍述英法的佔領土地，再看他們在西南部得去的利益。自有一八九五年和一八九七年的中法及中英的協約，結果如下：

（1）中國開蒙自、思茅、騰衝（再加龍州、河口共五處）為商埠。

（2）法國的安南鐵路得接連到中國境內（接連雲南省城）。

（3）開梧州（廣西的蒼梧）、三水（屬廣東）為商埠，准英國派駐領事。

（4）西江流域准外國船航行。

（2）（4）條，都損失很大的權利。

問題

1. 同治、光緒間實際主持政治的是什麼人？
2. 曾國藩、左宗棠及李鴻章等的見識怎樣？
3. 這時內政上的設施情形怎樣？
4. 印度支那半島的地理怎樣？
5. 半島上的國家有幾？並與中國的關係怎樣？
6. 中法衝突的經過和結果怎樣？
7. 這一次清軍失敗的原因在什麼地方？
8. 緬甸亡國是怎樣的容易？
9. 暹羅因什麼機會得以立國？
10. 英法這次在西南部得去的利益及權利是怎樣？
11. 其中那幾點最與中國不利？
12. 由這次交涉起留到現在還未解決的一個問題是什麼？

參攷書

1. 稻葉君山：《清朝全史》下卷，第七十章、第七十三章、第七十八章、第八十一章、第八十三章。
2. 劉彥：《中國近時外交史》第五章、第六章、第七章。
3. 黃鴻壽：《清史紀事本末》卷五十、卷六十、卷六十一。

第十章　中日戰爭及戰後各國對於中國的態度

一、日本維新及中日交涉之緣起

日本是東部太平洋中幾個孤島組成的。和亞洲大陸不相接連，與朝鮮半島相距最近，只隔着一道海峽。中國是東亞文化的發源地，四圍的民族，沒有不沾受牠的影響的，所以日本也是中國的文化孕育出來的。六十年以前，日本風俗、習慣、政治、宗教，大致和中國相差不遠。自西方勢力東來以後，亞洲民族都受窘迫，以東方文化發源地的中國，也支撐不住，步步失敗。日本人極其聰明，見這勢頭不好，趕緊掉過舵來，極力的追跡西洋的文明，西洋的法律、制度、教育、工商、軍備，等等。這就是日本天皇明治維新的事業（一八六八年以後）。這時中國政府中之李鴻章等也講究維新，仿效西方之戰術。但就結果看來，日本得以成功，中國不免失敗，這其中當然有種種可供研究的原因。本書重在敍述中國事情，對此亦無暇深究，只說由這時起日本對中國的野心，是怎樣的可怕罷了。

日本維新以後，一方整頓內部的事業，一方就抱着侵略土地的野心，常常想向亞洲大陸上發展。一八七九年，日本實行改併琉球爲縣。琉球縣界在台灣和日本中間的，在名義上也是中國的屬國。日本既以這種手段處分了琉球，中國依然是忙於內事，無暇顧及，所以爲不承認之承認了。當琉球未被併吞的時候，有琉球土人飄流到台灣海岸，被台灣土人殺害。日本即藉口琉球人是自己的屬民，理應保護，出兵攻取台灣（一八七四）。台灣這時雖沒置爲行省，但確是中國的土地，毫無疑義。於是清政府對日本抗議再三，幾有開戰之勢。結果還是和平了結，用❶清政府賠日本撫恤、修築等費五十萬兩，並承認日本這次舉動的理由正當。日本的舉動若果正當，那麼，我國在琉球的多年主權，就無形中斷送於日本了。日本既得到勝利，以爲清政府可欺，於是大膽的轉向朝鮮半島方面侵略，從此中日間的紛擾大踏步的來了。

朝鮮是亞洲東部的一大半島，緊接我國的奉天、吉林兩省，氣候和暖，土地肥沃，又是一片招惹是非的場所。半島上的人民相傳是商朝基子❷的後裔，這話大不可信，但朝鮮人與漢人混血統的，總要佔不小的數目。這半島上的民族興亡，朝代變更，政治因革，與中國歷來最有關係。這半島上的文化、制度、風俗、習慣、宗教，等等也與中國十分的相像。自十四世紀後半期以後（明朝初年），朝鮮史上最後的王朝（李成桂）建國，同時受中國政府的册封，爲中國很確定的藩屬。但中國對待屬地的政策，歷來鬆弛、寬大，不與西洋人經營殖民地相同。清朝末年，因外交屢次失敗，屬地喪失殆盡。當李鴻章訓練南北洋海軍的時候，也想維持殘局，謹慎邊防，注意屬地的事情。所以清朝末年之朝鮮半島，又是中國政

---

❶ "用"當爲"由"。——編者註
❷ "基子"今作"箕子"。——編者註

第十章　中日戰爭及戰後各國對於中國的態度

一、日本維新及中日交涉之緣起

府想着極力經營的。

日本正當經營琉球的時候，就注意朝鮮。在未向台灣出兵征剿生番以前，有西鄉隆盛、副島種臣等野心政客，大倡征韓（朝鮮）之論。（當時朝鮮以日本仿效西洋文明，視爲禽獸，侮慢日本。）一八七五年，因朝鮮排斥日人過甚，日船卽強航漢江（在朝鮮京城南），與朝鮮人大起衝突。日本以武力解決，結果訂約講和歸朝鮮人失敗。這次約中有朝鮮爲獨立國字樣。在日本人的意思，就是先想使朝鮮脫離中國孤立，然後再向朝鮮自由的發展，不受中國的限制。

嗣後朝鮮政府的官吏不幸又分爲兩派：一是獨立黨，主張改革，主張親近日本，以金玉均、徐光範等爲首領；一是事大黨，主張守舊，主張依賴中國，以李興宣（朝鮮王的父親）爲首領。兩派互相忌娮仇視。事大黨先排斥獨立黨（一八八一）；獨立黨又大殺事大黨（一八八四）。日本人從中挑唆、指使，中國政府也用力干涉。自有一八八四年這次事變，中日當時幾乎開戰。結果在天津定約，和平解決。在天津條約上規定兩國都不得在朝鮮駐兵。將來兩國中無論那一國要向朝鮮出兵，須要照會別一國。有這一條規定，便爲後來中日戰爭伏下綫索。

從此以後，日本在暗中布置實力，預備和中國決戰。直到一八九四年（清光緒二十年），朝鮮又起了內亂，一時不能剿平，向中國政府請兵幫助。中國依朝鮮的要求出兵，日本同時也無故出兵。亂平以後，中國首先提出撤兵，但日本很不願意。這時日本已決意要和中國衝突了。於是橫生支節，提出意見書，要求中國合力改革朝鮮內政。中國主張不加干涉。往來爭持不決。到這年七月，日軍先發制人，直向清軍施行攻擊，中日戰爭從此開始。

二、中日戰爭及其結果

　　當中日交涉正在不決的時候，兩國軍隊都在朝鮮京城一帶屯駐。戰端一開，日軍先向牙山方面的清軍葉志超攻擊，此路清軍不支敗退。日海軍同時又在豐島方面擊敗中國海軍。於是清政府命馬玉崑等帶陸軍，渡鴨綠江，守備平壤；命丁汝昌帶北洋艦隊十二艘，護送運輸。日陸軍攻平壤。清軍又大敗，直退過鴨綠江。這時朝鮮半島全入了日人勢力範圍。後來日本海軍大將伊東祐亨遇清海軍提督丁汝昌於黃海，兩大海軍戰做一團，大殺了一陣，清兵又敗走了，退回威海衛。從此以後，北洋海軍不敢出現於黃海海面；海上勢力全為日軍霸佔。於是日本方面的運輸很自由而安全了；中國延長萬里的海岸，隨處都可受敵人侵擊。清政府再從事調集後路大軍，防禦奉天南部及遼東半島。日軍乘勝分兩路進攻：一由山縣有明帶領過鴨綠江作戰；一由大山巖帶領，直抵花園口、貔子窩。兩路日軍，都連得勝利。第一路由鴨綠江方面戰勝，連次佔領安東、鳳城，向遼陽進取；第二路攻陷大連灣、旅順口，與第一軍會合。於是清軍防禦遼河東西，大戰於營口、蓋平、大石橋一帶。相持多日，互有勝負。這時日海軍又由山東的榮成灣上陸活動，襲擊威海衛殘留的北洋艦隊。北洋艦隊投降，丁汝昌自殺。日海軍又計圖毀擊南洋餘艦，佔領台灣。於是另編一路艦隊，南下攻取澎湖列島。清政府見海陸兩軍都敗，才自知不是日本人的敵手，有了講和動機。由英美各國出來調停，介紹談判。清政府派李鴻章為全權大使，往日本講和，與日本代表伊藤博文會於馬關，訂結停戰及修好條約（一八九五）。當然歸日本勝利，自不待言了。現在只將大有關係的條款，記在下邊：

（1）中國承認朝鮮爲獨立國。

（2）中國割讓遼東半島、台灣及澎湖列島，與日本。

（3）賠償日本軍費銀二萬萬兩。

（4）准日本在中國與各國所享的利益平等，並開沙市、重慶（巴縣）、蘇州（吳縣）、杭州（杭縣），爲商埠。

（5）准日本船在長江、湘江、西江、吳淞江，入南運河至杭州，航行。

由這次和約，斷送了台灣與日本。台灣人民中有知識的大多是由中國內地遷去的，很不願脫離祖國屬於日本。先向清政府要求力爭，清政府不敢承認。台灣人民於是自己組織民主國，舉唐景松爲總統，預備和日本宣戰，後以實力不敵，到底失敗了。俄國這時從旁看得忌妒心起了，很不願日本佔據遼東半島，妨礙她自己的勢力發展。於是勾結德法，起來共同向日本抗議，要求退還遼東半島於中國。日本以實力不充，不敢得罪三國，才答應了。至於俄德法三國借此口實，要索去的利益，等下節再敍。

三、戰後各國對於中國之態度

清軍戰敗了！清軍竟戰敗於東亞島國，人口不到五千萬之日本！從此東方文化發源地之中國，被人看作"不醒之睡獅"，被人當做非州第二，被人視爲遠東問題之焦點！這是何等可恥而又何等可怕呀！自此次戰敗以後，中國人民，除過極少數之滿人與漢人中之極端守舊者外，都認識西方勢力之優勝了。更有少數感覺靈敏，識力過人之志士，激於外力之壓迫，發出種族圖存，歷史先榮之愛國熱誠，起來作民衆之前導，要求改革弊政，發憤圖強。於是中國人之醒覺自此發動了。自此次戰敗以後，西方列強更輕視滿清政府之實力，起來要索權利，租借軍港，侵佔礦產鐵路，劃定勢力範圍，作瓜分中國之預備。於是中國之國際地位，更加危險可怕了。當時美國以經濟上利害的關係，深怕各國分贓不均，釀起戰爭，危及商務之和平，於是提倡"門戶開放"（Tie Open Door）保護中國之土地安全，要求中國之口岸自由。從此中國之命運藉以苟延殘喘於現在，而中國之利益成了各列強吞噬爭奪之目的了。現在先敘述中日戰後列強對於中國之態度於下。

（一）租借港灣和要求建築鐵道權。德國經營殖民地比各國都晚。後來見各國在東方的勢力都很雄厚，於是才極力想利用時機在中國找立足地。恰好中國被日本打敗，武力衰弱不振。各國都在暗中打算，要想藉端滋事，德國即借口山東殺了德國二位教士的小事，派遣軍艦，強佔膠州灣（一八九七），然後向清政府要求租借。租借的條件如下：

（1）租借膠州灣全部與德國。

（2）期限九十九年。

（3）准德國建築自膠州灣至濟南一條鐵道。

（4）鐵道左右各三十里內的礦產准德人開採。

俄國對中國因有索還遼東半島的功勞，要求權利。曾暗和李鴻章在俄國京城訂約，得去租借膠州灣和東三省的鐵道建築權。這時以德國先將膠州灣租去，即轉佔旅順口與大連灣（一八九八），然後向清政府要求租借。清政府也不能不承認了。租借的條件如下：

（1）自遼東半島西岸的亞當司港起，至東岸的貔子窩，劃一直線，以南爲租借區域（包旅順口及大連灣在內），租與俄國。

（2）期限二十五年。

（3）中東鐵道（起黑龍江的臚濱縣，經吉林的濱江縣，至俄國海參威）及南滿鐵道（由遼東半島南端起至長春）准由俄國建築。

（4）准俄國設置保護鐵道的警察，並給以開採鐵道旁礦產的權利。

（5）自鐵道築成後八十年，准中國取回；三十六年，准中國收買。

於是英國租借威海衞，法國租借廣州灣，英國又租借九龍半島，以平均勢力。至於滇越鐵道准由法國建築，亦在此時加以承認了（一八九八）。

（1）租借威海衞與英國，期限二十五年。

（2）租借廣州灣與法國，期限九十九年。

（3）租借九龍半島與英國，期限九十九年。

（二）要索利益和"開放門戶"。各國的要求尚未能已。英國要求：

（1）長江沿岸各省的土地，不得租借或割讓與別國。

（2）開放內國河流，准外國船行駛。

（3）開長沙爲商埠。

（4）中國總稅務司監督永久聘用英人。

（5）英國商人得投資開採山西、河南兩省的礦產。

（6）英國得借資本與中國，建築以後的鐵道：京奉路一部分，津浦路南段，滬甯，滬杭甬，浦信，九廣各線及由山西、河南、到襄陽之綫。

德國投資山東事業，以山東爲自己的勢力範圍，並借資本給中國，建築津浦鐵道北段。俄國向中國大批的投資，又轉託比利時借資本給中國，建築京漢鐵道，以北部中國爲她的勢力範圍。

法國要求：

（1）廣東、廣西及雲南三省的土地，不得割讓與別國。

（2）延長龍州鐵道。

（3）得借資本給中國，開採廣東、廣西、雲南的礦產。

（4）法國得在南甯（邕甯）與北海間建築鐵道。

日本要求福建不得割讓與別國。

意大利也要求租借三門灣。

這些紛紛而來的交涉，清政府或完全承認，或承認一部分，或不承認，或承認以後，又有變更。總而言之，這時是中國土地最危險的時期。

美國向來抱持發展經濟勢力的政策，不願侵佔別國的土地❶。這時見各國互相競爭，恐因此釀起列強間的戰爭，危及商務的和平，於是提倡一種新政策，要使各國在中國的利益、機會，互相均等，不致使一國隴斷❷。這種政策即所謂中國的"門戶開放"了。美國先以這種意見通告英國政府，徵求同意。英國在東方的利益比各國都大，所以也主張提攜商業政策的，當然贊成美國這種主張。其餘各國也未便反對。於是中國領土從此得免於分割。中國的利益大爲列強所注意了。這種政策的內容，究竟怎樣？且看美國的宣言便知。

美國政府爲欲除去各國將來衝突的原因，及謀各國商工業的利益均等；希望對於中國要求勢力及利益範圍各國家，承認以下三條：

---

❶ 今加州、德州及新墨西哥州皆來自墨西哥或美墨戰爭，不侵佔別國土地之說不實。——編者註

❷ 今作"壟斷"。——編者註

（1）各國對於在中國所得的利益範圍、租借地和別項權利，不相干涉。

（2）各國範圍內的港口，對於任何國家的入港商品，皆遵中國現行的海關稅率抽稅，並歸中國政府徵收。

（3）各國範圍內的港口，對於別國入港的商船，不得抽大於本國商船的入港稅。各國範圍內的鐵道，對於別國貨物，不得抽大於本國貨物的運送費。

這種政策就是要變中國爲世界的公共市場，使各國都有利益、關係，不敢破壞、擾亂。因此各國互相尊重，互相牽制的關係，中國的領土藉以保全了。

問題

1. 日本因什麼能向國外發展？
2. 日本先向什麼地方發展？
3. 朝鮮因什麼失敗？
4. 中日戰爭的經過怎樣？
5. 戰爭的結果怎樣？
6. 中國爲什麼戰敗？
7. 日軍爲什麼不攻上海？
8. 台灣人民怎樣不願歸順日本？
9. 遼東半島爲什麼割讓了又歸還？
10. 這場戰爭有什麼重大的影響？
11. 英美兩國爲什麼不加入俄法德三國的抗議？
12. 中日戰後，各國對于中國的態度怎樣？
13. 中國海口租借與各國的條約怎樣？
14. 中國鐵道租借與各國的條約怎樣？
15. 中日戰後，各國要求利益的情形怎樣？
16. 美國的中國"門戶開放"有什麼意義？
17. 爲什麼美國有這種宣言，和英國首先贊成？

參攷書

1. 劉彥:《中國近時外交史》第四章、第八章、第九章。
2. 稻葉君山:《清朝全史》下卷,第七十九章、第八十二章。
3. 黃鴻壽:《清史紀事本末》卷五十三、卷六十四、卷六十五。

第十一章　社會狀況經濟的變遷

本書從鴉片戰爭敍起，直到前一章爲止，所有的事實，不外內政、外交和戰爭。這些事實不能全佔近世史的篇幅的。這些事實都是使我們慚愧、失望、懺悔，而興奮的。這些事實很重要嗎？是。但還有更重要的社會和經濟方面的事實呢。若僅敍述內政是怎樣的不成、外交是怎樣的失敗、一共打了幾回敗仗，而不去深究社會腐敗的實在情形，是絕不能明白不成和失敗的重要原因的。若僅記載割地多少、賠款多少、共斷送了多少的利權與利益，而不去攷察經濟上所受的影響，結果一定說："《中國近世史》是一部失望的歷史，毫無一點進步。"這章就爲明白失敗的一部分原因和稍可慰藉我們失望的心理的一點進步起見，敍述中國舊社會的狀況和近世經濟上所受的影響。

一、社會各階級的狀況

憑藉什麼史科[1]，大胆敍述近世的社會狀況呢？這一個疑問，我先要向讀者明白答覆的。我敢武斷一句話說，社會的變化，比別的

---

[1] "科"疑爲"料"。——編者註

各種變化，都緩慢而零碎，這話又怎麼講呢？且用一段小事來研究。

有一段親聽過的故事，無妨先講一講。有一位朋友告我說，民國六年的時候，某處有一位鄉下人，一日忽然至城裏去，見城裏情形有些和以前不同，便問一位相識道："今年該是光緒幾年了？"這話雖說可笑，但不幸却是真的。現在就用這件故事，作近世中國社會變化的尺度，一定可以知道有許多程度相差很遠的等級的。現在有些人想看生活革新，有些人仍是守舊不變；有些地方居然像歐美的都市，有些地方還是百年前的古風。社會變化既然緩慢而零碎，所以社會上常可於同一時代找出社會變化的各階段的遺跡，或者可以說現代社會就可以具備社會進化史展覽會之各種性質。因此我們做社會變遷史的人，便可由橫的敘述——地理的敘述，推測出縱的敘述——歷史的敘述；以橫的敘述，代替縱的敘述。因此，這節歷史便可勉強湊成了。這種方法——比較的方法——也是研究社會學的人常用的，用這種方法縱可以得到一種社會變化史的大概的情形。

中國社會的人物，可分爲三大類：（一）官僚和讀書人；（二）農工商；（三）流民和盜賊。現在敘述這三類人在近世的生活。

（一）官僚和讀書人。這類人是中國歷來惟一受教育的一類人。他們由於刻苦的讀書生活，一直做到"加官晉祿"，作政府的行政人員，這是極有運氣的了。不幸遭遇不好。不得發跡，大概都變了職業，從事教授，當兒童的塾師，或從事於醫藥、卜筮、星相、風水、書吏，等等。這類人多半都沒有生產的能力，常依賴社會上別類人的勢力，供給自己的衣食等費。論到他們的知識及技能，大概不出讀過儒家的經書，及各朝的歷史，能作應試的科場文章（八股文），能書狠工楷的漢字。他們謹守儒家的學說而加以宣傳與紹述,以此政治組織及社會制度都被這種人的思想束縛得動彈不得。他們對於辦理國家事務,判斷事情,除過在書本得着的成語及格言以外,再沒有什麼能力。《儒林外史》上有一段描寫這類人的知識,最爲有趣,現在節錄在下邊:

張靜齋道:"想起洪武年間劉老先生……"

湯知縣道:"那個劉老先生?"

靜齋道:"諱基的了。他是洪武三年開科的進士,"天下有道"三句中的第五名。"

范進插口道:"想是第三名?"

靜齋道:"是第五名!那墨卷是弟讀過的。後來入了翰林,洪武私行到他家,恰好江南張王送了他一罐小菜,當面打開看,都是些瓜子金。洪武聖上惱了,把劉老先生貶爲青田縣知縣;又用毒藥擺死了。"

湯知縣見他說的口若懸河,又是本朝確切典故,不由得不信!

《儒林外史》是吳敬梓做的,寫的是清朝乾隆時代的社會實在狀況,所以上邊引的這一段想來也是當時社會上實在有的笑話了。至於官僚不但有讀書人的那樣"飽學",還要添上許多的怪脾氣。普通都是交上、慠下、懶惰、貪財、納妾、賭博和吸鴉片。他們一事不會辦,但無一事不辦。即有極少數清廉正直的,但也敵不過官場中的腐敗勢力,往往好人一入官場,就被官僚習氣漸漸同化了。《紅樓夢》中也有一段寫官場中的一段生活最妙。現在也把這段抄在下邊:

賈政向來作京官,只曉得郎中事務。……

李十兒說道:"那些書史❶、衙役,都是化了錢,買着糧道的衙門,想來發財,俱要養家活口。自從老爺到了任,並沒見爲國家出

---

❶ "史"當爲"吏"。——編者註

力,倒先有了口碑載道!"

賈政道:"民間有什麼話?"

李十兒道:"百姓說:'凡有新到任的老爺,告示出的愈利害,愈是想錢的法兒。州縣害怕了,好多多的送銀子。收糧的時候,衙門裏便說新道爺的法令明,是不敢要錢。這一留難,切蹬,那些鄉民心裏願化幾個錢,早早了事。'所以人不說老爺好,反說不諳民情!……"

賈政聽這話道:"明說我就不識時務麼?……"

李十兒回說道:"奴才為著忠心兒掩不住,才這麼說;若是老爺就是這樣做去,到了功不成名不就的時候,老爺又說奴才沒良心,有什麼話不告訴老爺了!"

賈政道:"依你怎樣做才好?"

李十兒道:"沒有別的,趁着老爺的精神年紀,裏頭的照應,老太太的硬朗,為顧看自己就是了。……"

賈政道:"據你一說,是叫我做貪官麼?送了命……"

李十兒回稟道:"老爺極聖明的人,沒看見舊年犯事的幾位老爺麼?這幾位都與老爺相好,老爺常說是個做清官的。如今名在那裏?現有幾位親戚老爺,向來說他們不好的,如今陞的陞!遷的遷!只在要做的好就是了。老爺要知道,民也要顧,官也要顧。若是依著老爺不准州縣得一個大錢,外頭這些差使誰辦?若是老爺外面還是這樣清,名聲原好,裏頭的委曲,只要奴才辦去,關礙不着老爺的。奴才跟主兒一場,到底也要掏出忠心來。"

賈政被李十兒一番言語說得心無主見。道:"我是要保性命的,你們鬧出來,不與我相干。"說着便踱着進去。

李十兒便自己做起威福,鉤連內外,一氣的哄着賈政辦事;反覺事事周到,件件隨心。所以賈政不但不疑,反多相信。……於是漕務事畢，尚無隕越。……

　　做歷史要引證小說中的材料，一定有許多人是不贊成的。但據我看來，小說中故事員❶不能確指為什麼人的事實，或者是一個時代的社會中一種事實的普通的寫照呢。像《儒林外史》和《紅樓夢》這兩部小說，我以為是可作社會史的材料的。並且將來要做定備而可靠的歷史，恐怕還得大批的採用這種小說的或文學的材料呢。

　　（二）農工商。農工商人的生活最刻苦，最清白；無論男女、都是與❷社會有益的份子。但知識簡單，到處受別種份子的愚弄和輕視。現在只研究這類人的知識內容，便知道他們在社會上的位置了。他們大半不曾讀書，不認識字，以戲曲、傳說等做他們的知識的底子。所以他們知道的無非仙佛、菩薩、玉皇大帝、關聖帝君；所敬仰的無非皇帝、文臣、武將、勇士。至於生活上必須的知識，反倒很少了。又這類人中有兩種風行而很腐敗的習慣，就是吸食鴉片和婦女躔足了。這兩種習慣不必起於近世，但在近世中極其發達，是可以想見的。不幸這類人又是中國全人口中之大多數，所以結果就很壞了。

　　（三）流民和盜賊。和尚、道士、賭徒、乞丐、衙役、兵士，等等，都是無職業的流民。三合會、白蓮教、哥老會、義和團、紅燈照，等等，都是盜賊的祕密結社。政治上對於這些人沒有消納的辦法，社會上也沒有防禦的組織，使他們常幹下彌天的罪惡！試看這些人在近世的活動，便可推知他們在中國的勢力了。

　　近來有人做文章，分析中國人為各種階級，描摹其生活狀況。現在也節錄這篇文章於下，以補我敘述之不及：

---

❶ "員"今作"原"。——編者註
❷ "與"今作"于"。——編者註

（前略）中國極大部分（百分之九十九？）都是小農人，這大概是人所知的。他們的生活是很簡單的，除了衣食住與婚喪的典禮以外沒什麼消費。他們差不多都不認識字，他們對於本國的文化，除了些通俗戲曲以外，恐怕有很少的知識。他們身體所能接觸的範圍與他們心理所能想像的範圍大概都是有限的。但是因為他們的家庭與鄉村生活的情形，他們却發展了對於小團體的道德。中國人民悠久的歷史大部分是靠着這一類的道德維持的。……

　　還有一類就是商人。商業要靠着工業才發達。在我們新式工業沒有發達的中國裏，一大部分的商人都是些小販，他們費盡心血，只博得蠅頭的微利，他們困苦的生活與沒有閒暇的情形比較那些小農民沒有什麼分別。一部分的商人是整賣商或大計畫的商業。他們的人數定是極少的，他們的局面也是有限的。我們想起歐洲中世紀地中海沿岸各都市與北海沿岸各都市的商人，他們是大有遜色的。又如十七八世紀英國的商人團體，或遠走俄羅斯或東渡大西洋經營大計畫的貿易的，他們更趕不上了。至於如東印度公司藉着貿易的事業，侵略土地，竟建設一個大帝國的更是夢想不到了。此外商人有兩類：一類是專賣商，如鹽商；一類是洋商。專賣商是准官吏。他們的利益是靠着政府維持的。他們的利害常是與政府相連。他們雖然常受政府的剝削，但是他們也常利用政府，因為他們也常是官吏。所以政治上的改革不是他們所希望的。……

　　商人之次就是工人。我們一大部分的工是由農民兼作的。如織布、編籃，都是我們農家的副產物。又一大部分的工是由商人兼作的。因為負販叫賣的人自己或他的家族就是原製造人，純粹的工人是極稀少的。大概除了在鐵路上，與各商埠的工廠裏以外，並沒有工人的。他們勢力的微弱我們已經看見了。他們生活的情形與一般小農民也沒有什麼區別。長時間的勞働、低微的工賃，那裏還可以使他們有閒暇與精神再去熱心國事？……農工商三類之次就是士的一個階級了。士回❶來是中國最高的階級，因為他是幫着帝王從事政治的活動的。士是中國的貴族，但是因為他是無產的貴族，所以是極危險的階級。但是一方面因為他們所住的地方是物質文明極不發達的中國；所有的人大概都是一般的困窮，用不着物質的奢侈的炫耀；又一方面我們古代的聖賢所垂示的告誡，所獎勵的美德又都是節儉廉潔一類的行為；所以以先無產階級的士還是政治組織上的中堅，他們在政治上的功勞也不為小的。他們雖然趕不上柏拉圖的理想的"哲學家的治者"那樣的捨己奉公，他們在中國社會總算是一種高尚的階級。一旦物質文明侵入中國，古聖先賢的經典漸漸失了束縛人心的勢力，這個士的階級就變成最危險的分子。……士的階級不能獨立生活，是要靠着人吃飯的。他們不能像農人那樣辛苦的耕種，他們不能像小販那樣的沿街叫賣，他們也不能像工人那樣耐勞的工作，他們只靠着他們的文筆、口舌與詭詐的手段，為寄生的生活。……

總而言之，近世的社會狀況是：官僚貪愚，平民無識，盜賊猖獗，流民過多。以現在推過去，想來都是差不多的。至於為什麼成這樣腐敗？大概也有三大組的原因：（一）舊思想勢力的束縛，（二）政治的組織不良，（三）經濟上無革命。

二、經濟的變遷

近世的經濟變遷，是很關重要的。可分四部分敍述：（一）沿海沿江的新城市興起，（二）交通革新，（三）生產增加及礦產開

---

❶ "回"疑為"向"。——編者註

放,(四)移民及墾荒。

(一)沿海沿江的新城市興起。鴉片戰爭以前,外人在中國所能到的地方,只有澳門、廣州、甯波及廈門幾處,並且到這些地方還要受嚴格的限制,居住、活動不得自由。自鴉片戰爭以後,開放五口——廣州、廈門、福州、甯波、上海——爲商埠,任外人居住貿易自由。此後不久,亂事蜂起,內地騷擾太甚,海上的貿易發展,也不能不受相當的限制。在此期間,廣州時常因排外擾事,所以發達無望。長江流域落在太平軍手中,太平軍和清軍激戰不休,所以上海的商業也是停滯的。當時只有兩種現像,是很可使人注意的。一是江浙難民避居上海的常有幾千人;以此外人在租界上趕造房屋,駐兵保護,徵收租稅,設混合法庭,裁判訴訟事件。一是鴉片貿易並不衰落,反日見增盛。據當時的統計,鴉片的輸入及價格如下:

一八四七年	輸入一八、八一四箱	價一四、四〇〇、〇〇〇先零
一八五七年	輸入三一、九〇七箱	價一三、〇八二、〇〇〇先零
一八五九年	輸入三三、七八六箱	未詳

英法聯軍攻陷北京以後,結果訂約講和,增開商埠,解放長江內的航權,任外國軍艦,商船通行。直到中日戰爭以後,沿海沿江的地方,再不能禁制外人的出入自由了。就經濟上着眼,兩民族通商互市,並不是偏面的利益,是雙方都受利益的。無論戰敗的條約怎樣苛刻,外國商人怎樣的貪財重利,但自口岸開放以後,中國人在經濟上及思想上都要大大的解放了。

由廣州到上海,由上海到天津,到漢口,像這一類的大城市。以前也並非不盛;但自從闢爲商埠,人口才更見增多了,建築才更見新奇了,商貨屯積,金融流通,大公司、銀行、工廠,以次成立。把以前那樣中世相沿下來的狹隘的街市、小規模的交易，都居然換上一幅歐美式的新城市了。這種變遷，是很關重要的。

（二）交通革新。新城市興起，舊交通的方法便不適用了，同時所云的新交通的方法，乘機興起。交通是藉商業發達才發達的，商業也是藉交通的革新才革新的。現在以次敍述我國的郵政、電報、鐵路、輪船的興起。

我國以前傳遞公文，用驛站或軍台。至於私人的通信，或由信局，或派專差。這種辦法，極遲緩極不普通。商埠開放以後，外人首先創辦郵政，互相通遞。至一八七八年（清光緒四年），北京、天津、烟台、牛莊、上海等處郵局的成立，以次推廣於國內的各通商口岸。一八九六年，清政府設立郵政局，總理郵務，附屬於總理各國事務衙門。一九〇六年，郵傳部成立，總管全國郵政。民國改郵傳部為交通部。現在全國城鎮，都可傳遞。一九一四年，我國也正式加入世界郵政同盟（Universal Postal Union），從此國際間的郵件也可直接交換了。

一八七三年（清同治十二年），丹麥商人架設上海至吳淞口間的電線（以後由清政府贖回）。到一八七九年，中國才在天津大沽間設起電線傳達公家消息。隨後設起天津至上海、廣東、北京各綫，以次及於全國各處。至一九一〇年，共有陸地電線十二萬里以上，電報局六百餘處。

一八六七年，英由上海至吳淞築起鐵道。當時清政府頑固，以鐵道為不祥之物，向英人手中贖回，隨即拆毀，投置鐵軌於台灣海峽中。以後才漸知鐵道的用處，先在唐山至胥各莊築起一段。此段鐵路專為運煤。中日戰爭以後，才知鐵路對於軍事上之價值。於是興築關內外鐵道（京奉鐵道一段）、京漢鐵道、津浦鐵道。後又許俄人築中東鐵道、南滿鐵道，德人築膠濟鐵道，法人築滇越鐵道。到現在雖有一萬里以上的鐵道，但資本多半是外人的。

自從許外國船自由航行中國內河以後，中國的航業沒有振興的希望了。但我國近世造船的成績，也有一點歷史。上海造船廠，福建船政局，早和南北洋海軍同時成立；招商局和開平礦務局的輪船，在中國戰爭❶以前，已航行沿海及長江一帶。這種成績可紀念的，因爲這是惟一的一點成績呀。無論怎樣，我國近世的水上交通，總算革新的多了。

（三）生產增加及礦產開放。商業城市興起，交通便利，內地生產因國際上的需要增加，所以其價值及產額，當然也要增加。東南各地的茶絲，是中國歷來出口貿易的大宗，常隨着口岸的開放而大見繁盛，這不必說了。正當中日戰爭的前後，橫貫中國南北的鐵道，以次告成；黃河流域、西北各地和東三省等處所產的豆、麥、棉花、毛、皮，都見暢銷而漲價。再一比較海關的統計，知道輸出額常隨輸入額而增加，這便是內地生產增加一個明證了。

我國礦產，以前是受政府嚴禁不許開採的。自滿清中葉以後，清政府多事，因此財用常患不足，所以命人民自由採冶，由國家抽稅。一八四四年和一八四八年，清政府下過兩次命令，解除雲南、廣西、貴州、四川等省的礦禁。但是，因爲開採的方法不良，又時時受地方官廳的勒索、干涉，所以當時採礦事業到底不見有大成效。直到清朝末年，常因外交失敗，割讓一條鐵道，必隨着割讓鐵道附近的礦產，准外人投資開採。自此以後，外國的資本、機器、工程師，佈滿了中國的礦廠。同時中國的小資本家也乘機興起，或和外人合辦公司，或集股自辦，也得了一小部的利益。現在漠河的金礦，開平的煤礦，大冶、萍鄉的煤鐵礦，可說都是由這時

---

❶ "中國戰爭"疑爲"中日戰爭"，即"甲午戰爭"。——編者註

發起的事業。

（四）移民及墾荒。中國人在海外移殖的事實，早的狠了。現在南洋羣島、澳洲、印度、印度支那半島、非洲、南北美洲，都有中國人在那裏居住、營業。但因以前既沒有完全的記載，所以這些移民的歷史也難得詳細的敍述。大概說來，移民繁盛的時期，恐怕也在五口開放以後。有這種種引證：（1）五口開放以前，內地人民出洋，須受法律的干涉（出洋者以海賊論罪）。（2）五口開放以後，海上交通便利了，人民出外容易找到乘船。（3）美國西部、非洲、澳洲的金礦發見，都在十九世紀的後半期。海外黃金，容易激動中國人心。（4）美國開闢西部也是在十九世紀後半期的。當時因勢力不夠用，資本家都願雇工資低廉的中國工人。以外又有一種原因，不知是否可靠。現在據《清朝全史》，節錄在下邊：

> 太平軍佔領南京之時，三合會之別動隊七首黨，佔據上海。以太平軍不與之聯絡，忽被驅逐。其事已記之於前。自此之後，彼等向福建、廣東稍有活動；然大多數則去祖國而至海外。其中勢力最著者，則爲海峽殖民地。其地之各頭目，抗政廳之壓迫，互相庇保罪犯，互相扶助貧病及死生。……中國移民之發展，卽彼等會員之發展也。於是三合會之勢力自菲律濱而暹羅、印度、澳洲、太平洋沿岸，無不發展。……

以上這些出國的移民多半屬於廣東、福建兩省。當時出發的地點，是汕頭、廈門、香港、瓊州。

同時黃河流域各省的人民（以山東、山西、直隸人爲最多），又出長城，過山海關或渡直隸海峽❶，向北向東進行，在邊外，移殖、開墾。當清朝盛時，東三省和內蒙古都不准漢人居住、耕種。到以

---

❶ 即今渤海海峽。——編者註

後武力不振，內地時常起亂，東三省和內蒙古一帶反變成安樂的地方，引起內地人民向這裏逃難。有這種自然的趨勢，當然禁令也制不住人民的遷徙，流動了。內蒙古三區——熱河、察哈爾、綏遠——東三省的松花江流域、遼河上游、鴨綠江及圖們江流域，一時人口密佈，村落興起。人民到邊外以後，初則傭工，以後耕地。不幾十年工夫，幾乎把邊外同內地的各省化爲一樣了，據說，清乾隆時（十八世紀末期），吉黑兩省的人口，不過百萬。到十九世紀末期，這兩省居然有六七百萬。統計東三省的人口，在清朝末年有一千二百多萬。這種數目字上的增加，當真是驚人而可稱贊的了。又日本人著的《滿洲地誌》中有一段論山東人的移殖，也可寫出來，作一種引證：

……清康熙年間，禁止山東人入北滿洲，載諸國法，垂爲訓典。然山東地本磽确，益以生齒日繁，故雖有禁令，仍不免侵入於滿洲之沃野者，乃生活上自然之趨勢也。其始入滿洲者，不過採取人參，及行商而已。積久遂有拓地耕種者，採金伐木者。……

經濟的變化，純粹是人民自然的活動；政治上雖也可有一點提撕的力量，但在中國近多年還是放任的，甚至於壓抑的，很少提倡獎勵的。但是居然也能有以上這些成績——新城市興起，交通革新，生產增加，人口移動——這是使人很奇怪而贊美的了。由這些變化對於人民所生的影響是：（1）生活上捨舊迎新，適應新的還境；（2）活動的範圍擴大，衝破以前那種小天地的見識；（3）和世界人接觸，自然受世界的知識的感化；（4）從事團結的有組織的活動，經濟上的利害、關係，漸漸感覺政治上的興味。這都是很重要的影響。

問題

1. 敍述社會的情形，於不得已時，可用什麼方法？
2. 中國社會的份子可大別有幾類？他們的生活，都怎麼樣？
3. 造成中國社會情形的原因，最重要的是些什麼？
4. 應該用什麼方法，消除社會上的流民和盜賊？
5. 開放商埠爲什麼與中國也有經濟上的利益？
6. 開放商埠以後的經濟變遷怎樣？
7. 經濟變遷又生出什麼影響？
8. 廣東、福建兩省人民，從什麼時候起，向海外移殖很盛？爲什麼移殖很盛？
9. 北方人民，爲什麼在近百年來，向東北邊外流動？

參攷書

1. 稻葉君山：《清朝全史》下卷，第六十八章、第八十三章第三十二頁。
2. 白月恆：《民國地誌》總論之部下，第十一卷，一頁、三六——三七頁、五三——五四頁、六五——六八頁。
3. 黃鴻壽：《清史紀事本末》，卷四十三、卷六十三。

第十二章　古學術的研究及思想的變遷

　　在這一章要敍述近世期中中國人在知識方面活動之成績了。前章曾說，中國惟一受教育之一階級人是讀書人。這類人與國家行政官吏大概同爲一類人，不過用兩種名詞代表，以分別他們是在朝或是在野，當官或是求學罷了。他們的學問思想當然受政府之法令規定，不得自由或犯例，只有少數特立獨行之怪人，淡於名利，無心仕進的，是例外了。所謂政府法令規定之學術及思想，不外寫字、讀經、作八股文章，及應考所謂科舉的政府的定期試驗，而一切批評議論之根據絕不得越出孔丘以來所流行之儒家教義。這樣一來，學術是定於一尊了，思想是統一一致了，儒家教義中之十數位歷史上的學者，成了後代學者應當永遠崇拜而望塵莫及之教主教父了。由此說來，在近世的學術界中，除過一羣一羣的"開口夫子，閉口聖人"的留聲機式的著作外，還有什麼學術呢？

　　讀者也許還能記得。本書第二章裏曾說過，在明末清初之際，中國學術界發生一種研究古學術的運動，同時思想上也發生變動；結果，古學術的研究在清朝中葉有很足觀的成績，而清朝初年發生之一點新思想，經過百餘年之沉寂以後，在清朝末葉又反動西方之勢力，成爲一種的思潮。這一段事實很有敍述之價值啊！現在分三節敍述於下。

一、明末清初間發生的新潮

　　要明白這段事實之始末，不得不超越本書中一般的事實所起始之年代而追溯到明末清初之際（十七世紀前半期）。讀者也許因爲讀過別的較古一點的歷史知道明末清初之際的中國政治及社會狀況，也許對於中國哲學史有了知識而明白這時以前思想界的趨勢。我爲要把歷史的背景看得清楚，再把這兩段事實約略敍述一下。

　　明朝末年之局勢，非常混亂。昏庸怠惰之君主，殘酷貪橫之宦官，諂媚權貴，圖私舞弊之官吏，成羣結黨，爭鬧意氣之士人，合力拆台；於是行政紊亂了，財用匱乏了，武備廢弛，國防弱了，內亂也蜂擁而起了；李自成、張獻忠，登高一呼，嘯聚起一羣一羣的失業流氓，山林盜匪，把明朝大部天下擾了個大亂不堪，而終於攻進北京，迫死崇禎；滿清民族起自東三省，乘機入了山海關，打走李自成，以次把大江以南的明朝宗室及遺老的殘餘勢力剿滅削平了，竟在北京城作起中國的新朝天子了，竟要強制中國人薙髮而垂上猪尾式的辮髮了。❶這在中國一般有心人看去，就覺得成了"國破山河在，城春草木深"及"故國衣冠，淪爲禽獸"的哀調了。奈何！奈何！一般有心人在深夜裏靜悄悄的沉思。

　　明朝中葉，出了一位大哲學家王守仁（一四七二——一五二九）。他把南宋朱熹一類人所倡導的哲學破壞得粉碎，另建立所謂姚

---

❶ 姚江乃浙江余姚縣之別稱，與江西無涉，王守仁即余姚人。——編者註

江（屬江西省，是守仁的生地）❶學派，或"致良知"的學說。我也不必為一般中學程度的人亂掉一些中國哲學史上的名詞；單說王守仁的學說出來以後，明朝中葉以後的思想界，就被這種新學說霸佔了，許多學者都成了王守仁的門生的門生了。這種學說的勢力很大。這派學說當初或到後來就有以下的幾種流弊：（一）用"良知"、"理性"一類神祕虛玄而下不來定義的一類名詞，說此形而上的哲學；（二）不講究讀古書，更不講究一切關切人事的問題如政治、軍事、制度、人民生計、社會道德等；（三）因而激不起一般人熱烈的愛國心。思想界既有這樣的流弊，所以當國亡之後，一般不甘屈事虜庭，志圖恢復的人，分折❷亡國的原因，因歸罪於根本的思想及學術的背謬。有這種重大的情境，自然影響到思想及學術上而起了反動的運動了。現在我們先看幾家在當時對於這種背謬的學術思想界抗議的言論：

以一人而易天下，其流風至於百有餘年之久者：古有之矣，王夷甫之清談，王介甫之新說；其在於今，則王伯安（守仁）之良知是也。……

今之君子，聚賓客門人數十百人，與之言心言性；舍多學而識，以求一貫之方；置四海之困窮不言，而講危微精一之說，我弗敢知也。……

舍聖人之經典與夫前代之史不讀，而讀其所謂時文。……老成之士，既以有用之歲月銷磨於場屋之中，而少年捷得之者，又易視天下國家之事。……故敗害天下之人材，而至於士不成士，官不成官，兵不成兵，將不成將。夫然後寇賊奸究❸得而乘之；敵國外侮得

---

❶ 此受反清思想影響，未公允。——編者註
❷ "折"當為"析"。——編者註
❸ "究"當為"宄"。——編者註

而勝之。……

明朝以時文取士，此物既爲塵羹土飯；而講道學者又迂腐不近人情。如鄒元標、高攀龍、劉念臺等，講正心誠意，大資非笑。於是分門標榜，遂成水火，而國家被其禍。

（上三節是顧炎武說的話，下節是朱之瑜[舜水]說的話。）

抗議的呼聲發出了，他們一致的主張"凡文之不關於六經之指，當世之務者，一切不爲"。他們中講當世之務者，首先要推顧炎武和黃宗羲兩人了。

顧炎武（一六一三——一六八二）是江蘇省崑山縣人。明朝滅亡以後，他激於愛國熱誠，曾次加入排滿運動，但終於無所成就。後來他看恢復明室爲事實上絕難實現之事，才放棄祕密之軍事活動，攜資出遊，在北部各省往來十來年，暗裏結納各地的豪傑，最後才住在陝西的華陰縣。他既要拿學問來在當世致用，所以他要實際研究關於國家制度、山川險要、人民生計一類的知識了。他尤刻刻不忘國恥，所以提倡操守，提倡"行己有恥"，教人都知道亡國之慘痛。他有一段話說：

禮義廉恥，國之四維。……四者之中，恥尤爲要。……人之不廉而至於悖禮犯義，其願皆生於無恥。故士大夫之無恥，謂之國恥。

他以遊歷所得，著《天下郡國利病書》《肇域志》等。上兩書是經濟地理一類的著作。這類知識確是可以幫助軍事的行動及政治社會等問題的解決的。他把他日常的感觸、經驗及讀書的心得都記出來，積的很多，成爲一部很好的筆記，叫做《日知錄》。要研究他的思想及他做學問的方法是必要參考這書的。他又著《音學五書》，是講音韻學的。

黃宗羲（一六一〇——一六九五）是浙江省餘姚縣人，也是一位明末圖恢復事業的人。後來計劃失敗，他才居家專心研究著述。他研究當時政治問題，涉入哲學範圍，結果和法國盧騷（Rousseau）（一七一二——一七七八）的政治哲學幾乎有同樣的結論。他在他著的《明夷待訪錄》中《原君篇》上說：

有生之初，人人各自私也，人各自利也，天下有公利而莫或興之，有公害而莫或除之。有仁者出，不以一己之利爲利，而使天下受其利；不以一己之害爲害，而使天下釋其害。此其人之勤勞，必千萬於天下之人。夫以千萬倍之勤勞，而己又不享其利，必非天下之人情所欲居也。……

後之爲人君者不然。以爲天下利害之權，皆出於我。以天下之利盡歸於己，以天下之害盡歸於人，亦無不可。使天下之人，不敢自私，不敢自利；以我之大私爲天下之大公。始而慚焉，久而安焉。視天下爲莫大之產業，傳之子孫，受享無窮。……此無他，古者以天下爲主，君爲客；凡君之所畢世而經營者，爲天下也。今也以君爲主，天下爲客；凡天下之無地而得安寧者，爲君也。是以其未得之也，屠毒天下之肝腦，離散天下之子女，以博我一人產業，曾不慘然，曰："我固爲子孫創業也。"其既得之也，敲剝天下之骨髓，離散天下之子女，以奉我一人之淫樂，視爲當然，曰："此我產業之花息也。"然則爲天下之大害者，君而已矣……

他又在本書的《原法》篇上有一段驚人之論：

後之人君，既得天下，惟恐其子孫之不能保有也，思患於未然，以爲之法。然則其所爲法者，一家之法，而非天下之法也。……論者謂有治人，無治法；吾謂有治法而後有治人。

他的著作又有《明儒學案》、《宋元學案》（未完成）、《律呂新議》、《易學象數論》。他又研究數學，著數學的書八種。

顧炎武研究音韻學，黃宗羲著《明儒學案》，都頗能重視客觀的

第十二章　古學術的研究及思想的變遷
一、明末清初間發生的新潮

事實，裁制個人之偏見，很有近世科學家之態度了。顧炎武說他研究音韻之方法道：

列本證旁二條。本證者，詩自相證也；旁證者，採之他書也。二者俱無，則宛轉以審其音，參伍以諧其韵。……

他們都反對明末的學者怕讀書的通病，他們都主張多讀的，他們都不反對研究經書，而更贊成"凡文必關於六經之旨"的。要研究經書，必得通古文之聲韵通轉，所以他們都先研究起音韵學了。他們對於研究經書只開了個端倪，以後的學者更向這一方面研究得深入了，不但研究經書，並且研究與經書有關的古書，研究專門的古學術。在他們同時有二位研究經書的學者，在當時在後世都是大有影響的。這二位是：閻若璩（一六三六——一七〇四）和胡渭（一六三一——一七一四）。閻若璩著《古文尚書疏證》，把古文《尚書》中十六篇文字考證其是出於晉時人之作偽。胡渭著《易圖明辨》，此書把當時通行的《易經》中的《河圖》《洛圖》等神祕的玩意，證明其是北宋的陳摶、邵雍等假造的。自這二書出世以後，學者中對於古書徵信之問題，大生疑議了，因而考證出許多有價值的古學術研究之材料，這種事業不亞於法國人雷能之考證《耶穌基督傳》，由迷信傳說中找出耶穌之實在歷史來。

此外有王夫之（一六一九——一六九二）、顏元（一六三五——一七〇四）、朱之瑜（一六〇〇——一六八二）、梅文鼎（一六三二——一七二一）皆同時有名的學者，梅文鼎是數學大家，著書很多，兼通中西數學理法。

129

二、古學術的研究

明朝滅亡以後，當時學者受亡國之刺激，起來提倡革命的思想，使學術走上一條切於實用的途徑。清朝初期四十年中（一六四四——一六八三），爲消滅漢人之仇視心理，先後用壓制及勸誘政策，使漢人不敢以至不願參加政治活動。學術界因爲受了這種政治上的作用，於是閉口不言"當世之務"的實學，而趨向古書的研究及幾種不招政府忌諱的學科爲天文與數學之探討了。這種學術界中的趨勢，愈走愈深，愈深而愈覺有趣，愈有趣而研究之人數及研究之成績愈多而且可觀了。

這派學者中要推惠棟（一六九七——一七五八）與戴震兩個人先受大名了。戴震的門生中馳名的有段玉裁、王念孫及念孫的兒子王引之。再後有俞樾、孫詒讓、章炳麟（至於他對於革命事業的功績歸別章中敍述）等亦對於古學術的研究很有貢獻。

中國由古代留傳下來的學術，大部關於哲學、歷史、地理、文學、音韵、天文、數學等科，而散見於蕪雜殘闕，荒謬的古書中，其分量非常的豐富，不是少數人在短期中所能整理成系統的。這類古學術研究的學者，用考訂（是考定古書的眞偽。古書的著者，及一切關於著者的問題）、校勘（用科學方法來校古書文字的錯誤）、訓詁（用科學方法物觀的證據，未解釋古書文字的意義）等手段，由蕪雜，殘闕，荒謬的古書中，分折出條理，補充起殘闕，辨證出本來的文學及著者來。他們都可稱爲中國的廣義的歷史學家，他們的成績都可當做各種中國史的史料看待。他們研究的門類可分爲：疏註古書，文字學，古地理學，古制度攷，數學及曆學，古物學，校勘學，攷證學，輯遺書（舊書遺之者，在別的書中搜求出引於此書的文字，集爲一書），編纂書目錄，刻印叢書。他們所著的書籍，可列一個很大的書目表；但這裏不必舉出，可在本章後面所舉的第一種參考書上去找好了。

這類學者所研究的雖不關"當世之務"，但他們研究的方法，他們的邏輯，是很正確精密的，是很可驚人的，是於一般研究學問的方法很有影響的。簡單說，他們用的是科學方法（Scientifie Meibod），這是現在人給他們的方法起的名稱。照《清代學術概論》（梁啟超著）上說，他們的方法是：

（1）凡立一義，必求證據；無證據而以臆度者，在所必擯。

（2）選擇證據，以古爲尚：以漢唐證據難宋明，不以宋明證據難漢唐；據漢魏可以難唐，據漢可以難魏晉，據先秦西漢可以難東漢，以經證經，可以難一切傳記。

（3）孤證不爲定說；其無反證者姑存之，得有續證則漸信之，遇有力之反證則棄之。

（4）隱匿證據，或曲解證據，皆認爲不德。

（5）最喜羅列事項之同類者，爲比較的研究，而求得其公則。

（6）凡採用舊說，必明引之；勦說認爲大不德。

（7）所見不合，則相辯詰，雖弟子駁難本師，亦所不避；受之者從不以爲忤。

（8）辯詰以本問題爲範圍，詞旨務篤實溫厚；雖不肯枉自己意見，同時仍尊重別人意見；有盛氣凌轢，或支離索涉，或影射譏笑者，認爲不德。

（9）喜專治一業，爲"窄而深"的研究。

（10）文體貴樸實簡絜，最忌"言有枝葉"。

我國自漢朝以後，推尊儒家著作所謂經書者，同時又排斥別種一切著述，認爲"非聖人之書"，人人不當誦讀的。這種著作界專制的政策，由政府首先提倡，漸漸成爲中國人公認的見解，牢不可破。因此經書在中國以前人的眼裏，就和西洋人以前看待耶穌教的《新舊約全書》一樣了。這類古學術研究者在當初雖仍不免同舊日一般人一樣見解，重視經書，但後來因爲要實行他們的方法，求證據於經書以外的著作，於是發現經書以外的著作中也很有價值的道理，於是漸漸把這些以前輕視的書認爲與經書有同等的位置，甚至於更要重視了。這種學術範圍上的擴大是很重要的。這類學者所用的方法及學術範圍上的解放，實在有偉大的影響及不可磨滅的價值啊！

三、思想的變遷

清朝中葉以後（十八世紀末期），滿民族的武力漸衰，當時西方的勢力慢慢侵入中國，而爲一般感覺靈敏的人感覺着了。於是學者視線集注在政治的流弊及社會的腐敗上了，於是看出學術的偏狹及思想的不切人事來了。於是有了革命的傾向了。及至鴉片戰敗以後到中日戰爭，這時學者中因外交驟然大敗，深受刺激，發出驚天動地的革命呼聲來了。

天下爲君主私產，不始今日，……然而有知遼，金，元，清❶之罪，浮於前此君主者乎？其土則穢壤也，其人則羶種也，其心則禽心也，其俗則毳俗也；逞其凶殘淫殺，攫取中原子女玉帛；……

---

❶ 疑爲衍文，譚氏爲清人，不應有此思想。——編者註

猶以爲未饜，錮其耳目，桎其手足，壓其心思，挫其氣節。……方命曰："此食毛踐土之分然也。"夫果誰食誰之毛？誰踐誰之土？

俗學陋行，動言名教，……以名爲教，則其教已爲實之賓而決非實也。又況名者由人創造，上以利其下而下不能不奉之，則數千年三綱五常之慘禍酷毒由此矣。……名之所在，不惟關其口使不敢昌言，乃並錮其心使不敢涉想。……

二千年來之政，秦政也，皆大盜也；二千年來之學，荀（名況）學也，皆鄉愿也。惟大盜利用鄉愿，惟鄉愿工媚大盜。（以上三節皆是譚嗣同的《仁學》。）

既有內政及外交兩種暗影透進學者的思想，於是他們對於盛極一時之古學術研究，就要捨棄材料的理整，而講究古書中之"微言大義"了。他們初則對於古學術尚知尊重前人發明之科學方法，有所發明，以後就不免憑主觀的成見，作大膽飛越的武斷，而爲思想革命，政治改革找求歷史上的根據了。他們對於古學術的研究，直可說是走錯道路了，因爲他們的研究古學術是別有用意的。古學術的研究，自此以後有一個時期，不見興盛了；但不得說古學術已經前人研究殆盡，無後人插足之地，所以清朝末年的學者捨而到別處另闢新領土去了，因爲古學術的研究並未達到有系統的程度，而清朝學者只可說是別有幹的。不暇顧及這"不關當世之務"的學科罷了。他們的價值不在於研究古學術，而在於講求"微言大義"，衝破舊學術界的藩籬，而提出切中時要的革命的新學說來。

這派新學者中前者有莊存與、劉逢祿、魏源、龔自珍等，後者有康有爲、譚嗣同、梁啟超等是著名的。康、譚、梁，都是主動下章所要說的改革事業的中心人物。他們一致主張適應兩方的制度，作政治上的改革。但他們對於排滿問題、儒家教義，就有了前後不一致的主張了。他們中的康有爲更是富於主觀的成見，不假十分充足的證據，大膽武斷東漢以來流行的所謂古文經書是劉歆（西漢末年的王莽時人）一人託古假造的。他更不憑證據，說所謂六經都是孔丘一人著作的，想"託古改制"。我們要爲古學術研究的本身打算，千萬不敢贊同他這種說法；但他的價值、他的影響，正在這種大膽的地方。這是什麽原故呢？他及他們一類人是要改革政治了，他們所處的時代也是需要急於改革的。但中國人的習慣是"事不師古而能長久者，未之有也"。所以每逢改革事業發端，必要痛遭社會上一般人的反對，甚至於用武力來反對。正爲如此，談改革事業的像他們一類人，先在歷史上找前例，硬說孔丘是個革命大家；孔聖人既是個革命大家，康有爲等要求改革内政？當然不受一般人的唾罵了。我以爲這是他們思想的出發點。他們既是這樣主張，別人也隨從他們大唱捨舊迎新之論，於是轟轟烈烈把中國思想界支配了約二十年（一八九五——一九一五）設使沒有他們這些人——或者也不至於沒有——像滿清那樣孱朝廷也不至倒得太快。我們若要看看當時他們的實在言論，就可以去翻閱康有爲著的《孔子改制攷》，譚嗣同著的《仁學》，梁啟超主筆的《時務報》及《新民叢報》。

問題

1. 近世的學術是陳陳相因呢，還是起了前古未有的變動呢？
2. 近世的學術及思想是不是在明朝末年就起了變動呢？
3. 明朝末年之政治及社會的狀況大概是怎樣的情形？
4. 姚江學到明朝末年有怎樣的流弊？
5. 明朝滅亡以後，一般愛國的學者反動議論是怎樣的？
6. 這般愛國學者中以那幾人爲最著名？能略述他們生平的事蹟及著作嗎？
7. 當時有一種奇異驚人的政治哲學到底是怎樣說的呢？
8. 當時又有兩位馳名的研究經書者是誰呢？他們有什麽著作？他們的著作有怎樣的重要？

9. 當時的數學大家是誰？
10. 何以到了清朝中葉，學者多半都喜歡研究古學術？
11. 研究古學術的學者要推那些人有名？
12. 中國的古學術，依現在人說來？大約包括幾種門類？這種學術的形式是怎樣的？
13. 清朝中葉的古學術研究者研究的門類是什麼？他們研究的成績是怎樣？
14. 這類學者研究學問所用的方法是怎樣？
15. 這類學者對於後來人有什麼影響及貢獻？
16. 清朝中葉以後，爲什麼思想界又起了變動了？
17. 這時學者的反動論調是怎樣的？
18. 他們對於古學術研究是有怎樣的關係？
19. 他們之中馳名的是誰呢？
20. 他們的影響及價值是在那裏？
21. 他們的重要著作是什麼？

參攷書

1. 梁啟超：《清代學術概論》。
2. 胡適：《清代漢學家的科學方法》(載《胡適文存》中)。

第十三章 改革和反改革

　　鴉片戰爭以後,把五口開放了,許外人自由通商,中日戰爭以後,西方列強紛紛而來要求權利,租借軍港,一時幾乎把中國的領土要瓜分了。這時關心國事的人們受了常人感受不着的一種刺激,靜觀沉思,比較內外強弱消長之由來,於是認中國政治制度、社會組織、學術思想、工商技藝、軍備外交一切皆爲腐敗物之積壘,無一是處,轉而斷定西方人不僅恃有"船堅砲利,工精藝巧",並有極好之組織,極好之學術,極多而且有用之人才。這般愛國志士既不承認政府所欽定的學術思想所造成的八股式的人才爲有用,又不願埋頭書案效法以前的散在民間的古學術研究者作"窄而深的研究",他們大膽的提出革命的哲學,說這是孔丘所不肯常告人的"微言大義"。這種思想上的變動及這種變動是否誤謬,已在前章說過了。但他們既構成了一種革命的新學說,即不得不演繹出來在政治制度及社會組織上發生影響了。這章即敍述這種新思潮在政治及社會上發生的事實。

一、改革的發動

　　所謂改革的事業者,就是要使中國的政治、社會成了西方化，要極力的採用西方的制度、學術、工藝等。說起這種改革事業的歷史來也不是陡然發生的，是好有些醞釀、活動的年代的。現在分兩段敍述於下。

（一）上海製造局譯書和廣學會成立。上海製造局是曾國藩創立的。這一個機關的事業一方面製造機器，一方面繙譯西書。所譯書的種類，有數學、物理、化學、醫學、法律等幼稚的科學。當時譯書的人才，有李善蘭、華蘅芳、趙仲函、容宏❶等，皆是直接受過西方教育的。據說到中日戰後，所譯的書籍銷售出一萬三千多部。以現在的眼光看來，這個數目固然很微小；但在當時，能有這些科學書在中國社會流通，也是很可注意的。我想這時參與革新的人物們，一定都是熟讀這些書了的。

廣學會成立於一八八八年，是居住上海的一般英、美教士、學者、領事發起的。這會的目的在贊助中國的文化發展。當時先從譯書，發刊雜誌入手。會中主要的人物，有林樂知、丁諱良、慕維廉、艾約瑟、李佳白等。他們曾經手的出版物，有《泰西新史覽要》《文學興國策》《治國要務》《自西徂東》《列國變通興盛記》《中東戰記本末》《萬國公報》等。有這些人的提倡，於是激起了中國一般士大夫的熱心。

（二）各種學會，譯述事業和報紙的興起。強學會首先受廣學會的影響而發生，主辦的人是中國當時一般維新的官紳，其中有文廷式、張之洞、陳寶箴、黃遵憲、康有爲、岑春萱❷、張謇等。總會設在北京，上海設一分會。會的宗旨在講究西方學術，計圖變法。會中時常作講演與討論。不幸，後來爲清政府下令封禁了。上海強學會被封以後改爲時務報館。

---

❶ "容宏"今作"容閎"。——編者註
❷ "岑春萱"今作"岑春煊"。——編者註

各地的愛國學者，又繼強學會興起，結會，講學。一時廣東有粵學會，廣西有聖學會，湖南有湘學會、南學會，蘇州有蘇學會，北京有集學會、格致學會，陝西有關學會，湖北有質學會。以外還有算學會、農務會、天足會、不纏足會、禁煙會，等等。強學會封禁以後，康有為等又在北京組織保國會，以提倡保國、保教、保種為宗旨。當時正逢會試期間，各地的舉人都集於北京，於是康有為乘機鼓吹革新，勸人入社。保國會第一次在北京粵東會館開成立會，到者二百多人。當時由康有為演說，措辭極為沉痛。以後又有松筠菴的第二次會。當時以風氣不開，會務到底不得發展；可是這種維新的消息，藉著應試的舉人帶到內地各省去了。

中國人的譯書事業，第一要推嚴復最有成績了。他譯赫胥黎（Huxly）的《天演論》，斯密亞丹（Adam Smith）的《原富》（The Wealth of Nation），穆勒‧約翰（John Mill）的《名學》（Logic）及《羣己權界論》（Liberty），孟德斯鳩（Montesquieu）的《法意》（The Spirit of Iaws），斯賓塞爾（Spencer）的《羣學肄言》（The Study of Sociology)等等，皆是西方重要的著作。自此以後"物競天擇，生存競爭"等等名詞，都成了中國人講進化論的用語了。中國人自己的著作有康有為著的《孔子改制攷》《日本變政攷》《俄大彼得傳》，梁啟超著的《變法通議》，譚嗣同著的《仁學》。這些書都是當時改革的張本。

上海強學會被封以後，變為時務報館。報館主筆即是梁啟超。他批評當時政治的腐敗，主張廢科舉興學校，議論最能激刺人心。北京刊行的《萬國公報》，每日印出二千多份，是康有為主辦的，聘麥孟華為主筆。其餘天津、上海都有初辦的報館。又各地學會常發行講演集、講義錄等，也是當時傳播新思想的機關。

二、改革的進行

以上敍述社會上改革的發動，再看政治上改革的進行。

（一）康有爲上書和光緒實行改革。康有爲是廣東省南海縣人，生在沿海地方，所以感受世界的文明最早。他又承襲近世思想界的遺產，創爲革命或"改制"的哲學，在當時實爲中國人中的前導者。他以爲中國衰弱，外交失敗，病在不能變法，效法西洋，於是他主張中國政治的革新；但他始終不贊成推翻滿清的君位，並絕對不贊成民主的共和國。他以平民的資格前後上書清政府共七次。最後他蒙光緒召見，和他談論改革的計劃。他當時建議三大項：（1）要光緒和羣臣設誓，確定改革的方針；（2）舉用識時務的人才；（3）設立制度局，制定一切新法律。他所主張的制度局分爲十二部：（1）法律，（2）度支，（3）學校，（4）農，（5）工，（6）商，（7）鐵路，（8）郵政，（9）礦務，（10）游會，（11）陸軍，（12）海軍。由這十二部組成中央政府，分管各種政務。

這時清政府中把握實權的爲那拉太后。她是一般頑固官僚的領袖，最反對人談論革新政治。一般滿清老官僚及頑固黨却擁護她以維持勢位。所以康有爲七次的上書，都被這般人從中破壞了。一八九八年，那拉太后願把政權交給多年作傀儡的光緒皇帝，恐怕是因爲外交失敗，想拿這種手段向天下謝責，以遮掩國人的耳目了。於是光緒得以親握政權，才召見康有爲，計畫改革大事，熱心從事。這是政治改革的起點。

光緒這位皇帝做了二十多年的傀儡，對於清政府的設施、外交的失敗，不能擔當處分的。他的性情，倒很異樣，大概是日本明治、俄國大彼得一類的人物。❶我們看他的後來設施，便可想見一二。他於親政這年六月下了一道命令：

　　數年以來，中外臣工之講究時務者，多主變法自強。近來屢降詔書，開特科，裁冗兵，改武科，新設大小學堂，皆經再三審定，籌之至熟，而後施行。然我國風氣尚未大開，國中之議論尚未統一，或託老成憂國之言，以舊章為必應墨守，以新法為必當排斥，眾喙喋喋，往往虛言無補。試問今日時局如此，國勢如此，兵則不練，財則有限，士無實學，工無良師，強弱相形，貧富懸隔如此，豈真能制挺以撻堅甲利兵哉？惟國是不定，則號令不行，極其流弊，必至門戶紛爭，互相水火，徒蹈宋明之積習，毫無裨益，反有大害。抑以中國之大經大法論之，五帝三王不相沿襲，譬之冬裘夏葛，勢不兩存。茲特明白宣示。嗣後中外大小諸臣，上自王公，以下至於士庶，各宜努力向上，發憤為雄，以聖賢道義之學植其根本，又須擇西洋學科之切於實用者，實力講求，以救空疏迂闊之弊。尚其專心致志，精益求精，勿徒襲其皮毛，勿競騰其口舌。總之，化無用為有用，以造成通經濟變之才。京師大學堂為各行省之倡，尤應首先革新，以為標準。

　　由此可見他奮激和改革的決心了。他以次召見張元濟、黃遵憲等談論政事，引用譚嗣同、劉光第、楊銳、林旭、梁啟超等為心腹，時常採納楊深秀、徐致靖等的意見。這些人都是主張維新的。但舊人的反對和那拉太后的暗中牽掣，仍在進行，所以改革的事業不免失於支節。當時的改革事業有：（1）廢科舉，立學校；（2）裁汰虛設的官吏；（3）獎勵農工商，整頓交通，軍備；（4）設立官報局，譯書館；（5）廢止漕運。

---

❶ 此對光緒帝的評價過高。——編者註

科舉是明朝以後到這時實行的一種考試制度。考試及格的才得受政府的任用，作各種大小官史❶。凡不由考試出身而作官的爲數極少，並遭受一般人的輕視，認爲很不正當的進堦。這種考試的科目及答題的形式與理論皆經政府用法令規定之，絕不得任意違犯。所試的科目不出作文、作詩、寫字等，作文的形式即所謂八股文，至於作者的理想必本於儒家的經傳。因此，國中的讀書人，自老叟以至幼年學童，除過極少數特別人才以外，都敬謹小心的尊守❷政府的功令，不敢違犯，做所謂"舉子業"者，甚至於下"十年寒窗，鐵硯磨穿"的苦工！到後來雖說功名成就了，官也作的不小了，但學問一無所有，身體弱得不成樣子，除過能做幾句刻板的文字外，恐怕連日常的火食賬都計算不來！像這類人眞是國家致敗的大原因，而造成這類人的實是科舉制度，所以科舉制度是一切衰弱失敗的根本大原因了。科舉制度不廢，一般人熱心仕進，不肯講求實用之學術，所謂西方的新式教育，西方的制度、理想，永久不會到中國發展了。由此看來，這次的改革事業中要以廢止科舉的運動爲最重要了。雖說這次廢止了不久又復興起，但科舉制度自此以後終於無法維持了，私塾及書院式的教育終於無法存在了，西方的新式教育才乘機興起了。

（二）湖南的改革。光緒雖嚴申改革法令，但各省大吏多陽奉陰違，不肯合作。這時只有湖南一省的官吏和地方紳士實行革新。其中要人有陳寶箴、黃遵憲、徐仁鑄、唐才常、熊希齡等。譚嗣同當初也是其中一位有力的份子，後來才被召到北京。他們創辦時務學堂、湘學會、南學會、保衞局等，都狠有成績。又礦務、輪船、鐵路、報館等等新事業，都在計劃進行之中，惜乎，反改革起了，把這些新政都一齊推翻。

---

❶ "史"當爲"吏"。——編者註

❷ "尊守"今作"遵守"。——編者註

三、反改革的勢燄

　　新人物正和光緒進行各種施設的時候，守舊黨暗和那拉太后陰謀抵制。所以光緒雖嚴令改革，而臣下多不奉行法令，都是這般守舊黨在中作祟。光緒自親政以後，事事仍得到太后處商議，取決於太后。到這年九月，光緒持改革意見書去見太后，想得太后認可，不料被太后罵爲"輕任急進，紊亂祖法"，大有怒不可止之勢。光緒這時怕了，回來卽告康有爲、楊銳、譚嗣同等，教他們設法營救。當時袁世凱手握北京一帶的兵權，適又在北京，譚等親與袁世凱密謀，想敎袁世凱以武力擁護新政。但袁世凱爲人狠鬼詐，只知勢利榮名，不知什麼叫新政及新政的利益。他表面答應了譚等的要求，暗地卽刻告知那拉太后。於是太后氣憤極了，卽召見光緒，囚於京城內北海中之瀛台，實行再握政權，逮捕譚嗣同、劉光第、楊銳、林旭、提深秀❶、康廣仁等六人，殺於北京市，推翻光緒所頒佈的一切文字上的改革事業，再恢復科舉制度。她又要捕拿康有爲和梁啓超，康有爲早於事變發生之前幾日出京逃了，梁啓超逃至北京的日本公使館，由日本人保護帶出京去。光緒自下令改新到這時被囚而改革的事業完全失敗，共總不到一百天。但這不到一百天的改革，已在中國史上留下不可磨滅的痕跡了。

　　後來康有爲和梁啓超都逃到日本。一時留在國內的維新人物，或受免職處分，或遭嚴拿監禁，株連牽扯，各地皆濫興大獄，而中國一點正在萌芽的新氣象，一時遭受狠大的打擊。因此守

---

❶ "提深秀"當爲"楊深秀"。——編者註

舊黨都爬上政治舞臺了,都作了太后的耳目爪牙了,都成了徒匪妖教的保護恩人了,都變爲維新人物和外國人的不能兩立的仇敵了,都扛起反對西方文化的"扶清滅洋"的大招牌了。但是,我們從另一方面觀察,正可看出清政府之終於不濟,滿人和漢人中之達官貴人都是些無血氣的行尸走肉,清朝的帝位要取消的了,唱改革論的君主立憲派的迷夢是錯了,漢人非起來革命另建設民主的政府是不成的了。所以這種改革事業的命運還不到一百天,而反方面的影響與價值是不可計算的。

問題
1. 改革事業是怎樣反動起的?
2. 所謂改革這名詞到底作怎樣解釋?
3. 上海製造局是誰設立的?這機關的事業是怎樣,成績是怎樣?
4. 廣學會是些什麼人設立的?這會的成績是怎樣的?
5. 強學會是怎樣成立的,宗旨是什麼?
6. 保國會是誰發起的,宗旨是什麼?
7. 當時在各地發生的學會都是什麼性質?
8. 嚴復繙譯過什麼書?
9. 康有爲、梁啟超、譚嗣同等在當時都著些什麼書?
10. 當時的報紙是怎樣的情形?
11. 康有爲上書清政府的情形及所上書的內容是怎樣?
12. 那拉太后是怎樣一類的人?
13. 光緒爲什麼得握到政權?
14. 光緒的見解是怎樣的?
15. 光緒用那一些人革新?
16. 革新事業爲什麼失於支節?
17. 革新事業的內容是什麼?
18. 科舉制度是怎樣的有害和廢止了以後的影響怎樣?
19. 湖南的革新是怎樣的?
20. 反改革是怎樣發生的,結果怎樣?

21. 反改革有什麼反面的價值與影響？

參攷書

1. 稻葉君山：《清朝全史》下卷，第八十三章。
2. 梁啟超：《戊戌政變記》。
3. 黃鴻壽：《清史紀事本末》卷六十六。

第十四章　拳匪亂事*與日俄戰爭

一、拳匪騷亂及各國聯軍來干涉

　　光緒變法失敗以後，太后擅權，太后黨一時都爬上政治舞台了。這般人都是沒有知識而性情又極其執拗不通的。他們恨革新的人物，把革新的人物有的殺了，有的逐出國外，有的罷官、監禁，或放逐到西北新疆邊外去。他們又以爲革新的人物都是串通外國的，興洋學，讀洋書，好像受了外國人的運動來毀壞本國古先聖人之"大經大法"的。因此，他們都遷恨於"洋人"了，一時激發起一種狹隘的排外主義。這時西洋人在中國內地傳教，又常藉各本國的勢力凌虐本地人，或假手於中國人中之耶穌徒，使這般人自殘同種。因此，一般人民又把對於耶穌教會之惡感遷到一切外人的身上了。這是這次騷亂之背景，而拳匪這名詞不過是這種背景之表現的用語罷了。

　　拳匪也稱義和團，原來是白蓮教的化身，多年在河南、山東的

---

* 這是作者對義和團運動的蔑稱。"騷亂""拳匪"等用語亦同此類。此評價欠妥。——編者註

境界上滋事。這夥人自謂有妖術,能格攔槍彈的射擊。既有了這種迷信的傳說,便容易招納一般無識的人民入夥。光緒被囚以後,清政府中的頑固黨載漪、剛毅等,都想發揮排外主義。拳匪見是機會到了,即掛出"扶清滅洋"的招牌。於是雙方的意見恰相和合。多年干禁的徒匪這時竟公然受官廳在暗裏保護、獎勵。一般仇外教的人民到這時也喜歡加入了。先是一九〇〇年,巡撫袁世凱在山東勤捕這夥匪徒狠嚴,這夥都竄到直隸、直隸總督裕祿優待。後又竄到山西,山西巡撫毓賢大加稱讚。於是這年直隸、山西各地的仇教風潮起了,先圍攻教堂,燒殺教士。外人往往有全家被害的。清政府表面上還是派人查辦,其實不肯認真。拳匪見風頭很順了,聲勢更大,拆毀鐵路、電線,見洋貨便燒,見外人便殺,就是凡與外人有交接的中國人也往往受害。後來由保定、天津,蔓延到北京,累千成萬的惡徒竟將一個北京城塞滿了。此外,直隸各處,山西、內蒙古和東三省都是受同樣的騷擾。至於其餘的各省,多因本省的官吏謹慎,不肯輕動,怕惹起不測之禍,謹防人民滋事,所以秩序尚好。

　　載漪等見這般情形,更為得意了。於是命官兵與匪結合起來,包圍北京的各國公使館,殺德國公使克林德、日本書記杉山彬,斷絕糧食水火的供給。後來又命各國公使退出北京。這便是國交斷絕的正式表示了。

　　各國政府得到這種消息,於是組織聯軍來干涉。出兵的有英、美、德、法、俄、奧、意、日本八國。聯軍直到白河口,攻陷大沽、天津。再由天津向北京前進,清軍節節失敗,匪徒也四散奔逃。聯軍將近北京,那拉太后見事機不好,挾光緒預先出城逃了,出居庸關,繞道山西,直到陝西的長安。聯軍進佔京城,分區駐守,蠻橫搶劫,比拳匪的騷亂更為難堪,這是文明人的舉動,我們也不忍細說了。可憐！清政府多年敲剝下人民的積蓄，竟被各國軍隊一時分贓了！

各國聯軍佔了北京以後，仍向前分途進兵。一軍進攻保定，保定城失守；又一軍佔領山海關。同時俄國又另出大隊的人馬，向東三省進展，東三省的本地清軍當然不是敵手。於是東三省各地在這一年全落在俄人的手中。這時俄人懷着極大的野心，所以才有這種異樣的舉動，也不怕各國的見疑。由這一番波浪，後來又惹出東亞翻天覆地的大戰爭來。

二、北京議和及亂事的結果

無能的清政府，這時只有乞和的一條路了。各列強也因互相猜忌，恐怕釀成中國領土的分割，打破勢力均衡。於是和議的時機到了。清政府任命李鴻章和奕劻為全權代表，與各國公使在北京相會，談判條約。其實也沒有什麼談判，索性承認各國提出的條件罷了。條約的主要部分有：

（1）懲辦倡亂的禍首載漪等。

（2）向德日兩國派使謝罪。

（3）承認各國在使館地界內駐守衛兵。

（4）承認毀去天津、大沽，至北京一帶的砲台，並以後不再修築。

（5）承認各國駐兵黃村、郎坊、楊村、天津、軍糧城、塘沽、蘆台、唐山、昌黎、灤縣、秦皇島、山海關，保衛北京海上的交通。

（6）賠償各國的軍費及損失，共銀四萬五千萬餘兩，以海關收入爲担保，限四十年還清。

以外還有許多損國體的條件。單就賠款一條說，實在就是很大的損失。這項賠償費各國分配的數目如下：

俄	一三〇、三七一、一二〇兩
德	九〇、〇七〇、五一五兩
法	七〇、八七八、二四〇兩
英	五〇、七一二、七九五兩
美	三二、九三九、〇五五兩
日	三四、七九三、一〇〇兩
意	二六、六七、〇〇五兩
奧	四、〇〇三、九二〇兩
荷	七八二、一〇〇兩
比	八、九八四、三四五兩
其他	二一二、四九〇兩
共計	四五〇、三五六、九八五兩

和約簽字以後，各國軍隊陸續退出北京。但俄人不肯讓出東三省，給以後的大轇轕伏下因子。清政府經過這番大挫折以後，理應悔過自新了，但是時機仍未到呢！

三、日俄戰爭的原因

十九世紀下半期以後，可以稱做帝國侵略主義橫行一世的時期了。支配全世界的國家，處分全世界的領土，爭奪殖民地的利益的只不過英、德、法、俄、奧、意、美、日本等強國。這八大強國中，很少不野心貪利的。就中在東亞發展最猛烈的爲俄人。俄人想由黑龍江方面向東三省發展，再窺探中國北部的利益。這一來，英國覺得牠在長江流域得去的中國利益，受了危險了；日本最感痛苦的，就是被俄國堵住了牠向亞洲大陸發展的行徑。再英國以印度方面的利益也常受俄人的侵迫，於是日英兩國因利害的輕重相同，自願互相維持，締結日英同盟條約（一九〇二）。這時正當俄人不肯讓出東三省的時候，於是日俄的衝突起了。

俄人因拳匪亂事，發大隊人馬佔領東三省以後，萬丈高的野心一時陡漲，把東三省竟認成自己所征服的領土了，設施種種軍事上的計畫，甘冒全世界的大不韙。拳匪亂事了結，各國聯軍都依約退出；但俄人在東三省的軍隊，始終不願撤退。這時中國無力提出正當的要求，東亞安全的保證人，不能不輪到日本了。這時日本徑向俄國屢次提出抗議，要俄國撤退[1]東三省的軍隊，並要求關於朝鮮半島方面的益利解決。到底因雙方意見想差過遠，於是不能不憑藉最後的武力解決了。戰爭一開，各國都注意日英的同盟關係，不敢偏袒一方，靜候戰爭的結果。中國更是無可如何，只得劃出東三省爲兩國戰場，宣佈名不符實的局外中立。

---

[1] "撤退"當作"撤退"。——編者註

四、激戰媾和及與中國之關係

日本一方正和俄國談判，一方即極力準備軍事行動，後來見外交不能奏效，便用"先發制人"的手段，先向俄國下攻擊了。一九〇四年二月八日，日軍擊襲旅順口的俄艦。九日，又在仁川擊毀俄艦。到十日即正式宣戰。開戰以後，日陸軍向平壤，海軍向旅順口，同時進行。俄國也分兩路防禦：一是鴨綠江方面，一是旅順方面。第一路的俄軍大敗了，向遼陽、奉天一帶退走。第二路的海軍又為日軍封鎖旅順口，不得自由出入。從此俄國東方海軍的能力全失，只剩下陸軍方面的決鬥。

日陸軍既得勝利，即隨後追擊，激戰於奉天南部。這年八月大戰於遼陽，十月又戰於沙河，結果俄軍都是敗退不支。

沙河會戰以後，雙方稍作休息，即準備大決鬥，到次年二月間，俄國在東三省的兵力有步兵三十八萬，騎兵二萬七千，砲兵三萬四千，大砲一千三百多門。這時日軍已把旅順口攻下了，合軍一處，共有步兵二十萬，砲騎工輜重兵十五萬，大砲一千一百多門，共計雙方兵力，人數在八十萬左右，大砲二千四百多門，戰線延長四十餘里。這真是近世東亞第一次的大戰了。日軍由大山巖指揮，兒玉參謀；俄軍的司令官是苦魯巴金（Kuropatkin）。自二月二十日以後，至三月十日，兩軍實行決戰。大殺一陣，屍骨枕藉，日軍死傷更多，但勝利終歸於日本。於是俄軍退出奉天，向北逃去。日軍進佔奉天、鐵領❶、開原，日俄陸上戰事即以此告終。

---

❶ "鐵領"今作"鐵嶺"。——編者註

四、激戰媾和及與中國之關係

俄國政府當東方戰事發生以後，即想調出黑海方面的艦隊出來助陣。英國以英日同盟的關係攔阻這種計畫的實現。俄國政府再調出波羅的海的艦隊，英國又不讓通過地中海。俄人無可如何，只得遠航南非洲的好望角，繞向東方。俄海軍因路程過遠，水手又不習練大洋中的風濤，沿路躭擱，及到南洋，旅順已爲日軍攻下了。這時俄艦兵士非常疲乏，計畫過日本海峽，休息於海參威，爲日軍探悉，又在海上大殺了一陣。可憐！俄國三十多隻軍艦，只幾十分鐘全遭粉碎沈沒了。東鄉平八郎是日本海軍的司令官，因此馳名於世界了。

俄海陸兩軍都敗了，氣燄也不盛了，美國總統羅斯福（Roosebelt）認爲和議的時機到了，出來排難解紛，藉此可博得世界人的贊稱，於是介紹雙方代表開會議和，雙方果然都答應了，選定美國的博子茅斯（Portsmouth）爲談判地點，締約講和。現在將和約中與中國有關係的條文述於下邊：

（1）俄國得中國政府的承認，將旅順口、大連灣租借權轉讓於日本。

（2）俄國得中國政府的承認，將南滿鐵路管理權轉讓於日本。

（3）兩國約定都不侵害東三省的中國主權，阻礙經濟的發展。

有這場戰爭，俄國的侵略野心受了一番頓挫，但日本的勢燄又大盛起來了。侵迫中國，一步緊似一步，清政府的態度無論怎樣都可，但我們人民實在由驚恐中又得到進一步的覺悟了。

問題

1. 拳匪亂事的背景是怎樣？
2. 拳匪的來歷是怎樣？
3. 北部各省被拳匪騷亂的情形怎樣？
4. 各國聯軍作戰的事實是怎樣？

5. 亂後與列強訂約，損失是怎樣的重大？
6. 各國聯軍佔據北京城以後是怎樣的情形？
7. 俄國對於東三省出兵是怎樣的？
8. 俄國爲什麼不願由東三省撤兵？
9. 英日同盟爲什麼締結的？
10. 日俄開戰的原因是怎樣的？
11. 日俄開戰以後，別的強國爲什麼都守中立？
12. 中國政府對於日俄戰爭是怎樣的態度？
13. 日俄陸上的戰況是怎樣的？
14. 旅順口方面的戰爭是怎樣的？
15. 俄國歐洲方面的海軍是怎樣到東方來的？
16. 英國爲什麼干涉俄國海軍的通航？
17. 俄國波羅的海的海軍到東方來以後的結果怎樣？
18. 日俄的和議是怎樣告成的？
19. 日俄和約中關係中國的是什麼？
20. 日俄戰後，中國人的心理是怎樣的？

參攷書

1. 劉彥：《中國近時外交史》第十章、第十一章。
2. 黃鴻壽：《清史紀事本末》卷六十七。
3. 汪榮寶、許國英：《清史講義》第三十五章、第三十六章。

第十五章　清朝末年的中國

　　大凡末年的專制君主和大臣，不出兩類人物：一是貪臟兇頑的，一是庸愚無知的。前者對於時代的趨勢，人民的期望，不願意順從；後者實在是不知道順從。那拉時代的清政府，就是第一類的；到宣統和攝政王載灃時代的清政府，就是第二類了。所以末年的清政府活動，是無誠意的，無希望的。但中國人民方面，受外界的壓迫，非常奮發，幹了許多有價值的很關重要的活動。由這些活動，直接產生出現在的各種情形，這是我們應該知道的。又在這個清政府的末年時期，各國對待中國的政策都一致的切急緊迫，重視經濟方面的利益。現在分節敍述於下。

一、末年的清政府

　　拳匪亂事結局以後，那拉太后再挾光緒回到北京（一九〇一）。她大概爲遮掩門面起見所以又恢復光緒以前所改設的新政：廢科舉，立學校，裁汰閒職，派遣出洋留學生，等等。不久，日俄開戰，煙雲彌滿了東三省。這時清政府對外畏懼得做聲不得，對內尤怕人民有了覺悟與猛進，於是想出緩和民氣的政策，高談立憲政體。但是直自一九〇五年鬧嚷到一九一二年宣統退位，也沒有成功。這時清政府的精神集注的有三組事業；（一）派人攷察各國的政治，預備立憲；（二）整頓軍備，訓練新式的陸軍；（三）設立學校，採用科學知識。

（一）一九〇五年，清政府派了五位大臣——載澤、端方、戴鴻慈、李盛鐸、尚其亨——往日、美、英、德、法各國攷察立憲政治的情形和辦法。結果，這五位大臣，把攷察的情形向政府報告了一番，說立憲政體與君主怎樣有利，與人民怎樣有利；清政府再費了幾許的商量、考慮，然後公佈了一張預備立憲的皇皇明令。這命令中有一段道：

今我國亦惟仿行憲政：大權統於朝廷，庶政公諸輿論，以立國家萬年有道之基。但目前規制未備，民智未開，若操切從事，徒佈空文，何以對國民而昭大信？

"民智未開"實在是最好的藉口話！

從此以後，清政府日在準備"憲政"上忙迫：設政務處；設編制館，編訂一切官制，法規；設憲政編查館，起草憲法大綱；召設資政院，又令各省召集諮議局；製造政費出入的預算案——這都是維新的事業。當時還有制定中央官制和憲法大綱二樁大事。

中央政府組織內容，設一位總理大臣，總理一切大政；以下又設十一部：外務、民政、陸軍、海軍、軍諮、度支、學、法、農工商、郵傳、理藩，各部又設大臣。我們再看憲法大綱中的"君上之大權"有：

（1）大清皇帝統治大清帝國，萬世一系，永永遵戴。

（2）君上神聖尊嚴，不可侵犯。

（3）欽定頒行法律及發交議案之權。

（4）議院召集、開閉、延期及解散之權。

（5）設官制祿及黜陟百官之權。

（6）統率陸軍及編定軍制之權。

（7）宣戰媾和，訂立條約，派遣使臣及認受使臣之權。

（8）宣告戒嚴之權。

（9）爵賞及恩赦之權。

（10）總攬司法權，委任審判衙門，遵欽定法律行之，不以詔令隨時更改。

（11）發命令及使發命令之權。

（12）議院閉會中有緊急事件時，得發代法律之詔令，並得以詔令措置必要之財用；但於次年度之會期，須經議院之協議。

（13）皇室經費，君上判定常額，由國庫提支，議院不得置議。

（14）皇室之大典，督率皇族及特命大臣議定之，議院不得干涉。

這種"欽賜"的憲法大綱，費了多少的籌思，才勉強製成了（一九〇六）。又要遲緩到一九一六年以後，才肯召集國會。這是推託和欺騙人民的手段。那裏有立憲的誠意？所以到底免不了人民起來革命。

（二）清政府末年對於訓練陸軍是比較的切實認眞的，大概是因爲陸軍是防備內外的武器。當時先裁汰舊式的軍隊，再訓練新式的陸軍，計畫編成三十六鎭，分配全國。每鎭兵數，馬步砲工輜重，共一萬二千五百十二人，稱爲常備軍。退伍以後又有續備軍，後備軍的名稱。自一九〇四年，至一九〇八年，這種新軍曾在河間、河南、安徽三次會操。據外人當時的批評，都說很有進步。這時練兵的主要人物就是袁世凱。袁世凱親手練成"北洋六鎭雄師"，後來就憑這種勢力橫霸一世，清政府於練兵以外，又設立陸軍學校，鼓勵上海製造局及漢陽兵工廠。這是整頓軍備的情形。

（三）當時還有一組"冠冕堂皇"的事業，就是辦學堂，派送出洋留學生，考試畢業生，及格者賞給進士，舉人等出身的頭銜。北京設京師大學堂（現在北京大學）、進士館、仕學館，各處設立高等學堂、中學堂、小學堂、各種實業學堂。當時教育的情形，且不必細說，只看"欽定"的教育宗旨，便可瞭然一切了。教育的宗旨是：

無論何等學堂，均以忠孝爲本，以中國經史之學爲基，俾學生心術一歸於純正；而後以西學瀹其知識，練其藝能；務使他日成材，各適實用，以仰副國家造就通才，愼防流弊之意。

這條宗旨據說是張之洞擬就的。大概當時一般另稱開通的官僚，對於教育的意見，都脫不了"以中學爲體，西學爲用"的謬見。又對於國內外畢業的學生，施以不倫不類的考試；及格的，賞賜進士，舉人的新頭術，也可見還是獎勵"功名"的教育了。

二、外交的形勢

自日俄戰後，日本的勢力伸展到東三省的南部。俄國雖然敗了，對於中國仍是抱極大侵略野心。英國和其餘有勢力的列強對於中國都是不肯輕易放手。於是中國的國際地位比以前更見困難了。現在以次敘述這時期中的外交形勢，先從日本起。

（一）日本戰勝俄國以後，依博子茅斯條約，得繼承俄國以前在東三省南部的權利。但該條約上曾明白規定必須取得中國的同意。於是日本卽與清政府締結東三省善後和約（一九〇五），租借遼東半島，管理南滿鐵道。又強佔安奉鐵道，不肯撤退駐兵。其實安奉鐵道的修築和管理權，並不載於博子茅斯條約，全是日本人的無理的要求。再看日本對於這些新得權利的戰後經營。

日政府卽着手經營這些權利。先設關東州於遼東半島，委任文武兼職的都督。又成立南滿鐵路株式會社，改良南滿鐵路。於是對中國的要求、交涉，如雪片似的飛了來。其中重要的有：（1）要採伐鴨綠江右岸的中國森林；（2）要改築安奉鐵道，並要求租借；（3）要開採奉天的撫順和烟台煤礦；（4）強佔營口鐵路支綫，並要求延長；（5）要求在新奉、吉長兩鐵道投資，並將來得投資於延吉鐵道；（6）反對中國借他國資本建築新法鐵道（新民至法庫）。（7）要求開採南滿鐵道沿線的礦產，並得使用沿綫的電線；（8）不承認渤海爲中國的內國領海，要求海上的漁業權；（9）要求在旅順、烟台間架設海底電線；（10）要求架設鴨綠江上的鐵橋；（11）要求大連海關得聘用日本人爲經理；（12）移民圖們江北岸，佔據間島；（13）因廣東捕拿日本偷送軍器船辰丸，要求賠償，謝罪。——這些問題到一九〇九年以後，日本全得到有利的解決。

南滿鐵路株式會社當成立的時候（一九〇七），只有二百萬元日金又七百四十九萬磅英金的現成資本。到一九一二年，卽築成下列的各鐵道：

大連至長春	四三七・五哩
通旅順的支綫	二八・八哩
通柳樹屯的支綫	三・六哩
通營口的支綫	一三・四哩
通烟台的支綫	九・七哩
通撫順的支綫	三八・九哩
安東至奉天省城	一八八・八哩
共	七二〇・七哩

該會社又在大連、沙河、遼陽、安東等地方設立工廠，製造機關車、列車和別的東西。至於鐵路上運輸的成績，請看下表：

	一九〇七年	一九〇九年
乘客	七〇四、二〇〇八	一、〇四九、六四四人
貨物	五三七、五五〇噸	一、八一二、三〇二噸
收入	四、〇九三、四二五元（日金）	九、一五八、〇四〇元（日金）

一九〇八年，該會社又想壟斷大連到上海間的海上運輸業，於是先後雇用日本郵船會社的輪船神戶丸、西京丸，定期航行。從此津浦和京奉鐵道上的營業大受損害。

日人在奉天的礦產經營，推撫順、煙台為主要。兩處煤礦非常豐富，有千金寨、楊柏堡、老虎台等十多個炭坑，每日出煤八千多噸，銷售於天津、芝罘、上海、廣東、香港、新嘉坡濱江、朝鮮等地方。

日人的殖民，在瓦房營、熊岳城、蓋平、大石橋、海城、遼陽、奉天、鐵嶺、開原、昌圖、四平街、公主嶺、范家屯、長春——共十四處。由南滿鐵路株式會社借資與殖民，回頭徵收移民的賦稅以為償還，開闢道路、溝渠、興築新街市，設立公園、苗圃、市場，辦理教育事業。學校數目，居然達到一千多所。——以上種種經營真使我們寒心呀！

（二）俄國對中國的態度，並不因戰敗而和緩而公道。俄人先在哈爾賓（濱江）❶設自治會，執行政務，破壞中國的行政權（一九〇九）。後又反對錦愛鐵道（錦縣至愛琿）借款，拒絕東三省的開放（中國想借各國資本修築錦愛鐵道，藉以均平各國的勢力，牽掣日俄），錦愛鐵道借款因此歸於失敗。俄人又怕各國出來干涉，即轉與日本協商（一九一〇），互相提攜，壟斷東三省的權利。

依《伊犁條約》，俄人得在蒙古、新疆各地自由貿易，不納租稅

---

❶ 哈爾賓乃濱江厅之治所。——編者註

（一八八一）。但約中規定"通商各約，每十年酌改一次。如十年限滿，未請商改，仍照行十年。"這種不利益的條約，直到一九一一年，中國才有了商改的機會了。不料清政府正預備提出商改，俄國無理的要求又先來了（一九一一，一，十六）。要求共六條，其中重要的有：

（1）除已設領事的地方外，又得在科布多、哈密、古城三處添設領事。

（2）准俄人得在蒙古和新疆各地方自由貿易，免納租稅。

（3）俄國在這些地方內得行使領事裁判權。

並附着最後的一句道：

所記六項，有一不允，俄國政府即不認中國政府有維持善鄰之誼，將取自由行動。

這種強橫的態度，是外交上不常見的了。俄國的本意在打消清政府修改商約的提議，所以要求的都是已得的權利，再繼以強硬的措辭，於是清政府不敢不全部承認了。

（三）這時英國所注意的是西藏的利益和雲南的邊界。

西藏位於中國本部之西，地勢極高，金礦最富，人民的知識簡單，最信奉喇嘛教，是中國極明確的屬地。❶自從俄人經營中亞，英人佔領印度北部以來，西藏的利益遂成了兩強的爭奪物了。

有布里雅多族（居住庫倫、恰克圖及貝加爾湖地方的佛教徒）人德智爾暗中和俄人勾通，去挑唆西藏人背叛清政府。於是達賴喇嘛十三世，很有心歸向俄國了。這時正當拳匪擾亂，清政府也無暇顧及遠方的是非。

---

❶ 元朝時西藏成爲元朝中央政府直接治理下的一個行政區域，明朝基本沿襲元制。清朝建立了一套嚴密、行之有效的管理西藏的法規和制度，以確保對西藏地方行使主權具有法律制度的保證，因而更加卓有成效。——編者註

英國也由南方進行。先取哲孟雄、布丹、尼泊爾（以前都是中國的屬部）與西藏接界。直到日俄戰爭的時候，俄人也顧不得侵略西藏，英國即乘機進兵，破了拉薩，趕走達賴，強西藏人訂約。又因西藏是中國的屬地，不能不和清政府交涉。清政府即派唐紹儀爲代表，訂結關於西藏交涉的和約。自這次交涉以後，西藏的形勢是：

（1）實行開江孜、噶大克、亞東關爲商埠。

（2）由印度到拉薩的一切軍備，西藏人應即撤除，不再設置。

（3）承認西藏爲中國的屬地，一切內政，各國都不得干涉。

（4）土地、礦產、鐵道、電綫，各國都不得享受、奪取。

以後英俄又互相協商（一九〇七），相約不干涉西藏的內政，維持勢力均衡。

達賴喇嘛逃在外邊數年，由青海到北京，再由北京回到西藏（一九〇九）。他是一位很不安分的宗教家，回去以後，造作種種謠言，圖謀背叛。清政府這時也很注意邊事，即命趙爾豐由四川帶兵入藏鎮壓。達賴又逃到印度，求英國的哀憐。清政府於是取消他的喇嘛資格。在清朝末年，西藏總算無事。到中國革命以後，西藏的轇轕又非常擴大了。

緬甸和雲南的邊界，在一八九四年和一八九七年兩次界約中，只規定到北緯二十五度三十五分爲止。以北的地方正當我國的騰衡[1]，緬甸的八莫，中間一片地方就是片馬。片馬是中國領土，由緬甸入雲南必經的道路。英軍突然佔領，修築砲台，要求中國劃界（一九一〇）。清政府反抗再三，英軍以不便久駐撤退。但是，這種問題，到現在還是沒有解決的。

---

[1] "騰衡"疑爲"騰沖"。——編者註

自鴉片戰後，鴉片的禁令直沒人過問了。直到清政府末年，受外人的譏笑不堪，才設法禁止。於是先禁國內人民的吸食、販賣，再禁外人的輸送。從事向中國輸送鴉片的，以英國商人為大幫，於是清政府先與英國締結禁止鴉片的條約（一九〇八，一九一一又續訂）。但鴉片禁令，忽緩忽急，人民貪圖目前之利，直到現在還是未了結的問題。

（四）鴉片戰後，澳門的租銀，葡萄牙竟不肯交納。到一八八七年，（清光緒十三年），把澳門竟公然割讓給葡國了。但境界沒有劃分，隨時可釀事端，清政府末年，也曾注意這件問題；民國成立以後，也一再提起劃界問題；不幸到現在還未解決。

（五）光緒和那拉太后死後（一九〇八），宣統和攝政王載澧的清政府成立。這時因財政困難，政治上發生相連的二樁問題：（1）鐵道收歸國有。（2）大借外債。現在只說第二樁與外交有關的。

英、美、德、法的資本家，取協同的動作，向中國投資，組成"銀行團"——四國銀行團，當時日本不願加入，單想在祕密中另有活動。這種經濟上的侵略政策，本很費研究。但清政府也不管利害怎樣，只圖能得到現款就算好了。於是在這滿人勢力的末期，又訂結了三宗大借款的合同（一九一一）：

（1）日本的一千萬元（日金）。

（2）四國銀行團的一千萬磅。

（3）又四國銀行團的六百萬磅。

共合中幣約二萬萬元。這次借款，後因革命軍起，沒有全數繳清，但清政府也得揮霍了許多。

三、人民的活動

清政府雖沒有革改的誠意，但是埋沒聰明的科舉制度，總算廢了，不新不舊的學校也辦了許多。政府有一分的解放，人民定得着十分的勇進；政府興一兩件的改革，人民必有許多的維新事業。這是什麼原故呢？大概因為外界的壓力過大，人民直接感受極大的恐怖、痛苦、憂憤、羞慚，不比那在上位的人物一切隔膜、昏庸、兇頑。現在就敍述這時的人民活動。

（一）國內的教育。清政府公佈的教育宗旨，雖說不倫不類，但在各地實行教育的人，想也不是盡遵這種"欽旨"辦理的。當時各種學校，也儘力的採取科學。惟有幾種短處，也不能不說：（1）沒有相當的教員，（2）教材的分量過多，（3）使兒童讀無意識的經書。

當時馳名的學校，有上海的南洋公學。又商務印書館的編譯事業，廣學會的繙譯事業，在當時都與文化大有貢獻。

（二）青年出外留學和在外的活動。最初曾國藩等派出的留學生，始終不見有大影響。到中日戰後，才激動了許多的志士出外考察。光緒變法，曾下令各省選派出洋留學生。及反改革得勢，又把許多的新人物激迫到外國。再經過拳匪亂事和日俄戰爭以後，東亞的風雲，驚醒中國的人民不少，於是學者志士都爭着渡海到外國去研究，人人都好像有了思想上的貧血病。日俄戰後，據說我國在外的留學生約有一萬四五千人，其中在日本的約佔一萬。

改革失敗，梁啟超逃到日本，辦《新民叢報》，鼓吹革命。當時清政府禁止人民閱看新書。學生中往往有買《新民叢報》，撕去書皮，於晚上偷在被中誦讀的，由此可推想當時人的思想變動了。後來梁啟超的宗旨變了，公然主張"開明專制"，所以很遭一時人的輕視。

當時在海外反對《新民叢報》的宗旨，專提倡民主主義，鼓吹中國革命的有《民報》。《民報》為章炳麟主辦。他和孫文等都持徹底的改革主義，以推倒清政府為入手第一步。以後的中國革命很受這種主義的影響。

還有楊度一派持君主立憲的《新中國報》，也有一部的勢力。這可說是折中派了。

在外的政治結社，有興中會、同盟會。這兩種會社，都是孫文提倡的。孫文先在廣東圖謀革命（一八九三），失敗以後，逃至海外，專鼓吹華僑留學生的愛國思想。中國革命的成功，他是很有功勞的。

日俄戰爭，清政府不敢過問東三省的主權，任兩方軍隊蹂躪。當時留日學生大動公憤，組織同仇會，願贊助清政府，舉鈕永建等為代表，回國有所要求。清政府竟不肯允許，反下令逮捕代表治罪。以此更見清政府不能見容於人民了。

（三）幾個羣衆運動。專制政府底下的人民，只有低首聽命，沒有自由活動的機會。不幸，外患到了，人民最感痛苦，才不得不起來謀自保自救的方法。這便是羣衆運動的開始了。這種運動不論成功與否，都有紀念的價值，因為這是產生民權的先鋒。

三元里的截殺英軍，這是最早的羣衆運動了。直到清政府末年，東南各省，因美國排斥華工，於是聯合起來抵制美貨（一九〇五）。以後經官廳干涉，所以也不便堅持了。

滬杭甬鐵道先歸江浙人民籌資建築（一九〇五）。不料，清政府後來又借英國的資本，想收歸官辦。人民因生命財產的關係，於是固結團體，極力反抗，誓死不願承認英國的資本。幸而清政府也知民怒難犯，將訂結的借款合同設法取消了。這回運動總算給人民得到勝利。

清政府假意立憲，不肯從速召集國會。於是各省諮議局發起聯合向北京政府請願，要求減縮召集國會年限。這回請願，前後三次，共有幾萬人參與，清政府最後也有了一點讓步。這又是一種民衆的大運動了。

一九一一年，廣東、湖南、四川等省人民，因清政府要借外資，收回川漢、粵漢鐵道，統歸官辦，不顧人民的利益，於是結起團體，誓死力爭，遂爲中國革命的導火綫。

總而言之，由羣衆運動，才得感覺組織的、政治的興味。要眞正建設民主的國家，總得看重這種羣衆的運動。

問題
1. 清政府末年怎樣預備立憲？
2. 清政府末年的練兵是怎樣的？
3. 清政府末年的教育事業怎樣？
4. 這時日本在中國的勢力怎樣？
5. 這時俄國對中國的經營怎樣？
6. 這時英國對中國的經營怎樣？
7. 這時的出洋留學生爲什麼很盛？
8. 他們在外國有什麼活動？
9. 這時國內人民的活動怎樣？

參攷書
1. 稻葉君山：《清朝全史》下卷，第八十三章。
2. 劉彥：《中國近時外交史》第十二章、第十三章、第十四章。
3. 汪榮寶、許國英：《清史講義》第三十七章。
4. 黃鴻壽：《清史紀事本末》卷七十七——卷七十九。

第十六章　中國的革命運動

　　世界的民族主義、民主主義的潮流，既隨着帝國主義的蠻橫傳佈到東亞了，中國的人民由《南京條約》（一八四二）、《天津條約》（一八五八）、《馬關條約》（一八九五）、軍港租借（一八九七——八）、光緒變法（一八九八）、拳匪亂事（一九〇〇）、日俄戰爭（一九〇四）等事實上得到覺悟、判斷和興奮，知道只有追隨西方文明才可以救亡的一條道路了，並親見日本是走上這一條道路果真得着福星，因更堅定起自己的信仰了。清政府兇殘昏庸，抵死不悟，這才把滿漢合作的歌曲上緊張起民族自主的音調了。楚望台前的槍聲於人們快要就寢的時候響了！五色國旗給人們都留下一種深刻不滅的印象！大家都說中國革命了！革命之鮮血流出來了！自由之花也開放了！這"中華民國"四字的鍍金牌匾到現在已整整掛了十二個足年！我們對這樁事實該有點記載了！我要老老實實的記載的。我爲要我的記載老實，我不敢不排除我的偏見與忌憚。

一、革命的發端

　　中國提倡革命最早的人要推孫文了。他是廣東省香山縣人，曾從英國醫生學習醫學,在澳門、廣州開設醫院看病,一時很得人歡迎。他感受西方文明的壓迫,深悟民族主義、民主主義的意義,提倡所謂"三民主義"(民族、民權、民生)。中日戰爭的前一年(一八九三),他與同志陸皓、楊飛鴻等在廣東組織興中會,陰謀起事,佔據廣州城,以建立革命軍之基礎。第二年陰謀破露,同志被捕,他獨身逃至海外,輾轉南洋各島、日本、美州❶,以至英國。在英國幾乎被中國駐英公使拘送回國,後為英國政府要求釋放。日俄戰後,中國青年一時激於國事前途之危險,到日本留學者很多,孫文以時機不可錯失,又到日本,認識湖南人黃興,組織同盟會,創設《民報》,鼓吹革命。於是留日之中國青年大受影響,祕密向內地各省計畫起事了。

光緒變法失敗以後,康有為逃至海外,提倡"保皇主義",以報答光緒帝知遇之恩。康有為變法的同志有唐才常。唐才常實抱積極的革命主義。自變法失敗以後,他逃至日本。後又回到上海,聯絡同志林圭、沈藎、秦鼎彝,創自立軍,陰謀起事。

當拳匪擾亂的時候,清政府四散,正是機會到了。於是唐等祕密佈置,分為五軍:漢口為中軍,大通為前軍,安慶為後軍,常德為右軍,新堤為左軍。不料事機不密,被張之洞探悉,即捕殺常等十幾人,各處伏軍都遭失敗。

以後有吳樾在北京東車站拋擲炸彈,想阻殺出洋五大臣,自傷身死;徐錫麟想起事於安徽,刺死巡撫思銘❷;熊成基兵變於安慶;都無成功。孫文、黃興等先後起事於廣西的鎮南關、雲南的河口,都遭失敗。又有溫生才刺殺孚琦於廣州,汪兆銘謀炸攝政王載灃。一九一一年四月,黃興帶二百餘人謀攻廣州督署,不成,死難

---

❶ "美州"今作"美洲"。——編者註
❷ "思銘"當為"恩銘"。——編者註

者有七十二人，葬於廣州城東之黃花岡。這些激烈的舉動，一時使清政府中頑固的官僚人人寒心，做大革命的引子。

二、武漢起義及各省的民軍興起

　　清政府因要收回川粵漢鐵路爲自有，激起四川人的羣起抗爭。清政府以爲這是莫大的罪過了，發兵調將，好像如臨大敵似的。其實四川人的目的，只在爭回鐵路，一切並不含着激烈的舉動。清軍旣向四川發動，在湖北方面就有些空虛。革命黨人卽乘機佈置武漢的機密，約期舉事。湖北官吏聽得風聲不穩，嚴密防備，發覺幾處祕密機關，拿獲彭楚藩、劉汝夔、楊宏勝等就地檢決。於是黨人見事機危急了，才立卽起事。這些黨人多是湖北的新軍，於一九一一年十月十日夜九時，突然入城，攻楚望台佔據軍械局，圍攻各官署。全城的大小官吏都聞風逃竄了。這是革命成功的第一天。

　　革命黨人佔領武昌城以後，推黎元洪爲首領，改稱民軍。三日後，武昌城秩序恢復，民軍卽刻渡江，佔領漢陽、漢口，兩城官吏也是逃避一空，毫無抵抗。清政府得到這種消息以後，着急非常，卽命蔭昌帶陸軍，薩鎭水統海軍，雙方進攻。但軍心已亂，不能取勝，及爲民軍打敗，民軍的聲勢越高了。於是清政府又得起用袁世凱來代替蔭昌了。袁世凱本是載澧最忌諱的人，於光緒死的那一年卽削奪其兵權。到這時見戰事吃緊，所以又任用了，由此也可見清政府的手脚荒亂了。

　　武漢民軍旣起，各省的民軍也立卽響應。在十月十日以後，湖南的長沙，江西的九江、南昌，安徽的安慶、蕪湖，江蘇各地和浙江、福建、廣東、廣西、雲南、貴州、四川、陝西、山西等省，都趕走官吏，組成有系統的民軍。再後，停泊長江的海軍，也舉旗反正。到這時真所謂"三分天下，民軍已有其二"了。民軍既盛，然後才和清軍旗鼓相當，要決最後的勝負了。

三、民軍和清軍激戰

　　袁世凱任用以後，清軍聲勢爲之一振，由此也可見袁世凱平日的威風了。武漢方面的民軍，因之陷於窮困的境遇。漢口失陷，被清軍一把火燒的破瓦殘磚，十分悽涼！漢陽隨後也被清軍奪去。於是民軍全部渡江，退守武昌城，隔岸與清軍相持。自此以後，這一方面再沒有很大的戰爭。

　　江蘇各處的民軍以次起事，惟有南京爲清軍鐵良、張勳等死力防守，一刻不能攻下。於是民軍集合各路組成聯軍，會攻南京，推徐紹楨爲總司令。血戰了一場，趕走清軍過江，而南京城又於漢陽失守的同時恢復了。

　　民軍雖在武漢失利，同時得到南京的大捷，正足相補。從此以後，清軍只能在江蘇與安徽的北部騷擾（張勳和倪嗣沖的清軍），攻擊山西、陝西（升允由甘肅攻陝西），不得侵犯民軍江南的根本地；民軍聯絡各處，通成一氣，聲勢浩大，但要想"會師北伐，直抵燕京"，也頗費力氣。於是雙方始有和平解決的動機了。

四、中華民國成立及宣統退位

各省民軍當初起的時候，雖說目的相同，但無統一的總機關，未免勢力渙散。於是由蘇浙兩省提議，請各省派代表會集上海，公同商議統一機關之組織。後由各省代表會議，通過《中華民國臨時政府組織大綱》二十一條，設臨時大總統、參議院，規定參議員由各省斟酌情形派遣。這是緊急中的權宜之計，當然是不甚合理的了。

嗣後參議員齊集南京，開會選舉總統，孫文當選。越三日，正當一九一二年一月一日，孫文就職，中華民國政府正式成立，定紅黃藍白黑五色為國旗，採用陽歷紀年，表示與世界一致的意思。

臨時政府成立以後，發現《臨時政府組織大綱》有許多不完備的地方。於是由參議院提出修改，制定《中華民國臨時約法》（一九一二，三，八）。這種約法為以後政治上的重要爭點，惹出無窮的是非。我們應該詳細知道其內容。（《中華民國臨時約法》見後《附錄》。）

南京會戰以後，雙方的勢力相當。民軍正在組織統一的政府；清政府方面，因良弼被刺。滿人皆提心掉膽，使袁世凱得操縱一切大權。袁世凱的意思亦在恐嚇清政府，給自己取得權勢，一面受意於前敵將士，按兵不動，並聯名要求清帝退位，清政府只好由他撥弄了。他對民軍首表示願和的意思，派唐紹儀為代表，往上海開會。民軍也推出伍廷芳為總代表。雙方商議停戰。以次談判清帝退位，建設統一民國政府等等事件。中間又因清政府不肯承認條件，撤換代表，民軍預備作戰計畫，清軍諸將官聯名催迫和議。有這種種委曲，然後才得妥協了。宣統退位，接受民國政府的優待條件。孫文辭職，推薦袁世凱為臨時總統。統一的中華民國因此成立（一九一二，二三）❶。優待退位的清帝條件，也有可注意的幾個項目：

（1）清帝退位之後，其尊號似❷存不廢，以待外國君主之禮相待。

（2）清帝退位之後，其歲用四百萬元，由民國政府給付。

（3）以前宮內所用各項執事人員，得照常留用，惟以後不得再招閹人。

（4）清帝退位之後，其原有私產，由民國政府特別保護。

問題
1. 中國革命的原因是什麼？
2. 發起革命的種種暴烈事實是怎樣？
3. 武漢起義和各省響應的情況怎樣？
4. 清軍和民軍的戰事怎樣？
5. 民國臨時政府組織的經過怎樣？
6. 雙方和議的結果如何？

參攷書
1. 谷鍾秀：《中華民國開國史》。
2. 郭孝先：《中國革命紀事本末》。

---

❶ 袁世凱被選為臨時大總統在1912年3月15日。——編者註
❷ "似"當為"仍"。——編者註

第十七章　民國初年的氣象

一、革命以後的中國

中國革命是世界許多革命波浪中之一波，是十八世紀以來的自由、平等、博愛主義之反嚮，是受了美國《獨立宣言》（The Declaration of Independence）與法國《人權宣言》（The Rights of Man）在大西洋中所起之黑潮傳遞到太平洋中之激盪，是帶着傳染性的反中世的封建制的民衆運動，在理論上是抄襲的而不是創造的新發明，在全人類的歷史上只不過是一條有價值的血痕而不值得歷史家給他過大的吹噓。中國革命要是單指反抗滿清政權的行動的話，在事實上只不過一百二十來天（一九一一，十，十——一九一二，二，十二）。在宣統退位的那一天家家門首懸掛五色國旗，差不多沒有人不說這是革命"告厥成功"了，所以我們又不好意思說中國革命期間不止一百二十來天。但我們要從革命軍所標示的理想上觀察，無論誰恐怕都不承認把一個無知無識的孩子皇帝看管在紫禁城裏以後就算把責任盡完了。是的，我們要實現革命的理想着實是一樁極困難而永遠的事業啊！

我們固然不該蔑視自己說我們是不文化的民族了，但我們要不是盲目的偏狹的愛國者，在世界上除過幾個我們不屑與之爲伍的野蠻民族以外，誰也不該說我們全人口的識字人的百分比不是頂小的。假使我們的《臨時約法》上要規定一條說"中華民國的大總統由中華民國全體國民直接投票選舉之"，我們鄉下的同胞要到北京來投票，由甘肅省城起身要需四星期，由迪化起身要需兩個月，由拉薩起身要需八十天，由雲南起身頂好是繞道法領安南由海上來，拿這種旅程來比中世紀歐洲人到小亞西亞的耶穌的聖墓上去進香的困苦，恐怕也不差上下了。美國當革命時國內工商業的狀況不見得就能脫離英國而獨立，不見得就比中國革命時的國內經濟情形進步得多少，但我們要在二十世紀的資本的列強監視的中國形態之下，要和美國一樣迅速的開發國內的工商業是很不容易的。中華民國的革命政府既由滿清政府手中接受這種大部分不識字的農民和交通阻隔、工業落後的江山，不得不竭盡十二分的力氣以求革命理想之實現啊！

在中國革命的過程中，一般平民事實上沒有像法國革命時巴黎市民和鄉下農民那樣破釜沉舟的衝鋒陷陣，廓清民族歷史上積累下來的渣滓；革命軍中除過大部無業的流氓，徒匪而外，只剩下少數無階級利害關係的浪漫的改革家；清政府雖倒，一般實際上握有政治的，社會的勢力的舊官僚、紳士、軍官依然潛在；不幸又沒有多數道德純潔，人格高尚，眼光遠大的偉人奇士，如美國的華盛頓（Washington）、佛蘭克林（Franklin）、吉費孫（Jefferson）、漢米爾敦（Hamilton）等，以創建人才的功業，鞏固民國的根本；所以革命告成以後便是中華民國前途之岐❶路了。可惜！我們當時的政治家又很愚蠢的走上一條反動的路上了！是誰應當負這責任呢？

---

❶ "岐"今作"歧"。——編者註

二、內部的糾紛

臨時政府成立以後，中央行政部的組織，分爲陸軍、海軍、內務、外交、財政、交通、教育、實業、司法九部。但這時爭戰尚未了結，和議停頓，除了編兵、籌餉、議和三事而外，各部都顧不得別的，所以也沒什麼政蹟可記。統一政府成立，總統、國會、內閣、政黨，都明爭暗鬭，不想去協力規畫國家百年根本大計，坐失良機。這民國初年的歷史，實在只能作我們頂好的懺悔材料。現在就敍述大概於下。

南北統一告成以後，一般人的政治興味，頗爲濃厚；於是政治的結社，一時佈滿了全國。論其規模廣大的，可得三派：（一）國民黨；（二）共和黨；（三）統一共黨。國民黨卽是同盟會的化身，推戴孫文、黃興、宋教仁等爲領袖，所持的宗旨多傾向人民的活動，所以不爲一般官僚所喜。共和黨是結合一般有舊勢力的官僚組成的，所持的宗旨在擁護官僚勢力，所以也爲國民黨所最反對。統一共和黨介在兩黨中間，主張溫和，似乎一個折中派。三派的競爭，以議會爲發表的機關。到後來議會解散，政黨的活動也無形的消滅，只能作祕密的結社了。

依《臨時約法》，國會分爲兩院：衆議院，參議院。直到一九一三年的四月，兩院議員舉齊，同在北京第一次開會。當時所爭的議案，先有責任內閣制的是非及善後大借款的違法問題，最後討論到起草憲法，爲惡劣勢力干涉，事敗垂成。這次國會開會不到一年，不能監督政府的種種違法擧動，反被政府解散。

袁世凱受任臨時總統以後，即提出唐紹儀組織內閣。唐爲國務總理。依《臨時約法》的規定，總理是對於人民負完全責任，總統不能有政治大權。袁世凱最不願意這條規定，常想總攬大權。唐紹儀又與袁世凱的意見不合，不肯相讓。後來競爭起來，唐紹儀自己辭職告退了。唐紹儀下台以後，繼任的爲陸徵祥。陸第一次出席國會，即受國會的攻擊。繼陸者爲趙秉鈞。趙秉鈞是袁世凱的私黨。後因刺殺宋教仁的陰謀破露，與他大有關係，所以他也去職。繼趙者爲段祺瑞。最後爲熊希齡。這些不得久任的總理們當然都無成績可記了。而當時事實上獨攬大權的只有一位文武全才的袁世凱。

袁世凱昧於世界思潮，爲一極可惡極貪鄙之武人。當革命發起以後，清政府把他召進北京，委以政治大權，還想藉他的勢力削平各地民軍。他既當權以後，明爲清朝効力，實際陰爲自己計謀。南北統一以後，他便得了民國的臨時總統。第一次國會選舉以後，議員中以籍隸國民黨者佔多數。國民黨中之人才首領第一要推宋教仁，所以袁世凱刺殺宋教仁之陰謀，就因此發生了。

宋教仁曾留學於日本，習政治學，對於建設民國之計劃頗負責任。南北統一以後，他在臨時政府中作農林總長。後來唐紹儀去職，他也一同辭職，專圖在野鼓吹。一九一三年春天第一次國會選舉的時候，他由湖南沿江至上海，到處演說，指摘政府的失計，發揮本黨的主張。後來選舉結果，國民黨的議員竟佔多數。從此惹起袁世凱畏懼、嫉忌與忿恨，才設法使人暗中行刺。袁世凱使趙秉鈞勾結洪述祖，洪又串通應夔丞，買刺客武士英，乘宋教仁將要乘車到北京的時候，突然暗殺於上海的滬甯車站（一九一三，三，二）。隔兩日，宋教仁即因傷重殞命。宋教仁死後，應夔丞和武士英不久都被拿獲，武士英即直認受人勾買不諱。以後武士英暴死於監獄，應夔丞逃走，洪述祖避匿外國租界，趙秉鈞稱病辭職，得暴病而死。這其中的黑幕很耐人尋味。現在引當時江蘇都督程德全關於審查此案以後的通電以作證據：

……洪應往來函件甚多，緊要各件撮如下。……二月四日，洪致應犯函有："冬電到趙處，即交兄（洪自稱）手。面呈總統，閱後色頗喜，說弟（稱應）頗有本事。既有把握，即望進行。"……二月八日，洪致應犯函有："宋輩有無覓處？中央對此，似頗注意。"……三月十三日，應犯致洪函有："民立記邂初（宋教仁字）在宥之說辭，讀之，即知其近來之勢力，及趨向所在矣。事關大計，欲爲釜底抽薪法，若不去宋，非特生出無窮是非，恐大局必爲擾亂。"……又查應犯家內證據中有趙總理致洪述祖數函，當係洪述祖將原函寄交應犯者。內趙總理致洪函有："應君領紙，不甚接頭。仍請一手經理，與總統說定方行。"……

以一國的總統、總理，不惜用這黑暗的手段對付"政敵"，民國前途之刼運可以想知了。

宋教仁被刺，冤屈莫伸，國民黨人因此恨袁世凱入骨。袁世凱也知要想橫霸一世，非先戰敗國民黨不可。於是先籌畫軍費，交涉善後大借款。這宗款項是向英、法、德、俄、日五國銀行團借的，共二千五百萬磅，不交國會正式通過，即擅與外人畫押。袁世凱所以甘於違法者，也就是因爲急於用錢要和國民黨人開戰了。

當時國民黨方面的勢力有三省的都督：安徽的柏文蔚，江西的李烈鈞，廣東的胡漢民。這三人都是國民黨中有力的份子，時常反對袁世凱的非法行動。袁世凱也忌恨他們，後來都與以免職。免職以後，正在交謝的期中，於是衝突起了（一九一三，七）。在國民黨人一方面稱這大衝突爲第二次革命。參與第二次革命的地方，有江西、安徽、江蘇、廣東、福建、湖南等省，其勢力也不算小，不過尚不敵袁世凱方面的計畫周到罷了。袁世凱手握"北洋雄師"又得到善後大借款充作軍費，憑藉津浦，京漢兩條鐵道及長江水運的交通，其聲勢雄大的多了。當免職令發出以後，袁世凱卽調李純帶兵進駐九江。衝突發生以後，又命段芝貴、馮國璋各帶大兵出發。北軍由津浦路線進窺南京，由湖口進入江西。湖口及南昌方面的國民黨軍卽遭失敗，於是江西平靖。安徽不久也歸平靖。黃興在南京接到失敗的消息，卽刻出走。南京城的國民黨軍與北軍衝突，血戰一場到底歸於失敗。上海方面也小有衝突，不久也歸於平靖。其餘脫離的各省，或仍舊歸順中央，或不免混亂一時。直到這年九月以後，各地的亂事才結局了。這次亂事前後不到兩個月。

國民黨軍這次失敗的原因，固然在於憑藉不敵袁世凱，但當時一般人心畏亂苟安，袁世凱的惡跡尚未十分昭著，各省多不願和國民黨取一致的行動，也是重要的原因。國民黨失敗了，袁世凱的心腹大患也去了，國民中也無人出來監督了，民國的劫運也快要到了。

自革命以後，退伍的軍人，往往變爲匪徒，四處刁搶，尤以河南、安徽、江蘇三省間的白狼爲害最大。南方二次革命打平以後，政府命段祺瑞等督辦勦匪事宜。白狼由河南竄擾陝西、甘肅，又由甘肅回向陝西、河南，到處燒殺掠奪，雖有官軍隨後追捉，也不甚奏效。這般匪徒到河南以後才慢慢的散匿了。經這一番騷擾，北幾省的苦楚，又比得上大江以南了。

二次革命以後，袁世凱以武力威脅全國，更換各省武人，布置自己的心腹。當時的威風，無人不怕。他然後向國會要求提前制定《總統選舉法》，先選出正式總統。又在選舉的時候，暗使軍人和一般無賴假作公民，強迫國會投票。這日一連投票三次；才選出一位野心勃勃的袁世凱。袁世凱旣得到正式總統，於是國會便成了廢物，很可不用了。他下令大索國民黨員，勒迫交出入黨證書。從此國會中的議員少了一半，因不足法定人數，只得停止開會。再後又明令解散國會別組織非法的代議機關，任意修改《臨時約法》。民國的名號，到這時已若存若亡了。

三、蒙藏的自治*

民國成立以後，即對各國宣言，願承認清政府以前對各所許的權利利益，以次得各國認爲國際國體。但國際上的地位是要藉實力維持的，決非一改政府，便可馬上提高了。民國初年的內部既是前節所述的那樣紛亂，所以外交上的失敗又要接連而來了。現在先敍述與外國勢力有關係的蒙藏自治問題。

（一）許外蒙古自治。當武漢民軍發動的時候，同時外蒙古的庫倫也逐出清政府的官吏和軍隊，聯合各盟，聲明和清政府脫離關係，自組政府，即推活佛哲布尊丹巴兼爲政治首領。民國成立，本以五族共和的名義相號召，對於外蒙的獨立，自然不願承認了。不料俄人自在東三省戰敗以後，力避與日本衝突，專想在北蒙方面發展。所以外蒙的獨立原來是俄人從中挑唆幫忙的。俄人幾次向中國政府通告，並向各國宣言，聲明外蒙古已有獨立國家的資格，又私在外蒙布置勢力，要挾活佛訂約，勒索種種利益。這時中國方面的人心非常憤激，征蒙的呼聲很高，但到底怕與俄人衝突，勢力有所不及。所以不得已才承認俄人的要求，訂結關於外蒙的條約（一九一三）。其中主要的條件有：

---

* 其中某些史實不准。——編者註

（1）俄國承認中國在外蒙的宗主權。

（2）中國許外蒙組織自治政府。

（3）承認俄人在外蒙通商的各種特權利益。

（二）許西藏自治。清政府末年，以武力鎮靖西藏，達賴喇嘛十三卽逃到印度，就英人密謀。不久，中國革命軍起，達賴卽乘機再歸拉薩，恢復舊日的勢力，憑藉英人的幫助，宣告自主。民國政府旣認外蒙自治，於是也許西藏自治了。❶

外蒙、西藏的轇轕，到現在還未有確實的結果。將來中國與這兩處地方的關係如何，此刻尚說不到。不過，要拿這兩地的問題作一種學問上的單獨研究，我想也是很有趣味的。

問題

1. 中國革命的價值是怎樣？
2. 中國革命後的事業應當是什麼？
3. 中國革命後何以政治不能上軌道？
4. 民國初年的政黨是怎樣組織的？
5. 民國第一次國會的成績是怎樣？
6. 怎樣叫"責任內閣制"？
7. 宋教仁為什麼被刺？
8. 二次革命的經過是怎樣？
9. 為什麼國民黨遭受失敗？
10. 白狼騷擾的情形是怎樣？
11. 外蒙獨立的經過是怎樣？
12. 西藏獨立的經過是怎樣？❷

參攷書

谷鍾秀：《中華民國開國史》。

---

❶ 中國中央政府一直對此予以承認。——編者註

❷ 此問題建立在正文錯誤認識的基礎上。——編者註

第十八章　歐戰前後的中國

一、袁世凱之罪惡

袁世凱出身官門，性情非常狡詐、陰險，做事好用權術。清政府末年，他的官運尚通，曾做過巡撫總督，練新軍於天津的小站。從此以後，便築起了"北洋系"的將台，龍將虎才滿佈要地！攝政王戴澧本來很不喜歡他，把他免職。武漢民軍起義以後，清軍的將士都不用命，清政府又把他大用了。

袁世凱一出，便奪回漢口、漢陽，逐民軍過江，清政府任命他為內閣總理。這時他也許是見民軍不易撲滅，便乘機布置他自己的勢力，挾持清政府，和民軍議和。和議告成，清帝退位，大總統一席竟歸於他了。從此以後，他漸漸違法，暗布心腹，刺殺宋教仁，排除國民黨，解散國會，修改約法，規定終身總統。這是拿玻侖的故事重演了。可歎。

他的欲望還不滿足，陰命楊度、孫毓筠、嚴復、劉師培、李燮和、胡瑛等發起籌安會（一九一五，八，十五），製造變更國體的謬論；又使梁士詒、張鎮芳等組織冒名的全國請願聯合會，要求變更國體。以後還有假冒的全國國民代表會出現，主張改建帝國，推戴袁世凱為皇帝；御用的參政院呈上勸進書，袁世凱還故意不受，讓再讓三,方始接收。這就是盜竊民國的罪案了。

袁世凱既盜去民國業產,即自製了一方洪憲的印章,蓋在上面,向各國要求承認,不料各外國以種種外交上的慣例,也許是要挾,一刻不肯從同,所以中華民國的名義在國際上未曾一日中斷的。但各外國雖不承認,他還是大封其所謂功臣,製出公侯伯子男等等古怪的名號。一方又用嚴刑峻法,不肯屈就者便不敢反抗。然而終於不免反叛起來了。

帝制發生以後,梁啟超、蔡鍔等都潛逃出京,圖謀反抗。梁發表《異哉所謂國體問題》一篇大文,極力指斥籌安會中一夥人的誤謬與無恥。蔡鍔逃到雲南,起兵討賊。蔡鍔先作過雲南的都督,很受本省軍界的推戴。二次革命以後,袁世凱總攬大權,設計裁抑各省武人。當時蔡鍔被調至京,名為將軍,實即變形的監禁。蔡鍔至京以後,雲南都督為唐繼堯。唐本是蔡的故交,在暗中布置實力。所以蔡鍔一到雲南,討賊的義軍即日發動了。

蔡鍔到雲南以後,即和唐繼堯、李烈鈞等商議起兵,在這年十二月二十五日宣布獨立,稱護國軍,調軍隊入四川、貴州,又東向兩廣。四川的劉存厚起兵响應,貴州劉顯世也集兵省城,宣布獨立。於是三省勢力相聯,護國軍的基本鞏固了。袁世凱接到這種消息以後,即使起一世的威風,大點軍馬,命曹琨、張敬堯等連夜進兵。他以為西南數省不難指日可靖了。不料袁軍反被蔡鍔親督義軍,殺了個一場大敗。這是四川一路的情況。

當時李烈鈞帥兵東向兩廣,廣東民軍聞風響應。到次年的一月以後,即將龍濟光圍到省城一隅。至三月中,陸榮廷又在廣西宣告獨立。五月以後,岑春煊在肇慶成立兩廣都司令部,計畫對袁作戰。此外,陝西、浙江、湖南也宣告獨立,江蘇、山東的民軍到處起事。及至獨立各省聯合一氣,成立軍務院,推舉唐繼堯、陸榮廷、岑春煊等作領袖，護國軍的勢力於是站在不敗的地位了。

這時袁世凱見猛將敗退，心腹離叛，財政困難，輿論聲討，四面都"楚歌"，才後悔一世的威名，終爲帝制所累。於是和徐世昌、段祺瑞一般人商量，決議取銷洪憲，再作中華民國的大總統。但始終不能得護國軍的允許。以後護國軍的聲勢日日增高，袁世凱最信任的心腹也都反叛的反叛，逃匿的逃匿了。他由懊悔，忿恨，羞慚，激成不可治藥的疾病。於是袁世凱死了。

袁世凱死後，由黎元洪繼任總統，恢復《舊約法》（《臨時約法》），北方軍人勉强讓步，南方的護國軍也將就了結，取消軍務院。於是中華民國又統一於一個政府了（一九一六，十一）。

二、武人割據

自一九一六年以後，中國雖說統一於一個政府，其實勢力中心隱隱中劃成幾部。當袁世凱未死的時候，馮國璋見袁家大勢已去，不能挽回，即擁兵南京，以中立的態度，斡旋南北和議。南北二次統一以後，他便成爲一個勢力的中心了。張勳在第一次革命時，從南京敗逃，佔據徐州（銅山），漸漸蓄養勢力，到這時也高談和議，團聚起北方六七省的武人。段祺瑞憑藉多年的聲勢，在北京號召一般武人，隱隱爲北洋派的正統。在南部又有唐繼堯、陸榮廷兩個新起的勢力。總而言之，自袁世凱死後，中國遂由一頭武人的專擅，變爲多頭武人的割據了。這些武人沒一個有政治的理想和愛國的熱心。他們既佔有國家的勢力，人民就成了武力的掠奪物了，政治生命就成爲不可言喻的慘淡與紛亂了。

黎元洪做了無實力的總統,段祺瑞等武人就要專權了。南北的武人各不相能,暗中不免水火。直至一九一七年對德宣戰問題發生,一般各不相能的督軍、政客、文人、名士都起來藉題發揮,各有計謀,由電報、報紙,直鬧到議會、政府。後來黎元洪突然起勁了,下令免去段祺瑞的國務總理。段祺瑞憤氣出京到天津,暗地裏喝起倪嗣冲一般瘋狗似的武人通電干涉中央行政,屯聚天津,結起所謂怪頭怪腦的"督軍團"。這時張勳由徐州出馬了,裝模作樣的自命調人,要和解京津間的風潮了。黎元洪也膽怯了,就把不肯通過對德宣戰案的國會下令解散。國會沒有了,督軍團中的妖孽也各回本寨了,平地裏狂風一起,飄飄的黃龍旗高懸在中英門上了,市中人交頭偶語說"張勳把宣統已扶上九龍寶座了!"京中滿漢遺臣正要叩頭敬謝皇恩的時候,不意段祺瑞在馬廠發出將令,點動京津的大兵,要對張勳宣戰了。張勳敗了,泡沫一般的小朝廷又戰兢兢的深藏在紫禁城內了。這段風掣電馳的急劇歷史,其中少不下多多少少的陰謀鬼祟,待後日不憚煩的史家攷證去,此刻暫不述及。

　　黎元洪當事變以後就逃到外國公使館去了。後來張勳失敗,段祺瑞到北京仍作國務總理,再後由南京請出副總統馮國璋來代理總統職務。於是北京方面的政局很像鎮定了,對德宣戰的勇敢行動也在紙上實現了!在這時孫文已協同第一艦隊到廣東去計劃對付北京方面的政府,更把唐繼堯、陸榮廷的勢力結起來另成一個西南方面的政府了。自此以後,中國便入了紛戰的狀態:四川之戰、湖南之戰、福建之戰、湖北之戰、陝西之戰,南北軍隊相爭,勝負不當,結果不定。到一九一八年段祺瑞製造安福部的國會成功,舉出徐世昌爲北方的總統,大借日本外債,擴充軍實,可謂盛極一時了。後來北方武人中分出曹錕,吳佩孚一派,與段祺瑞的意見頗不一致,結果起了衝突了。吳佩孚多謀善斷,治軍有法,段祺瑞的勢力被他一戰打敗了（一九二〇）。這場惡戰剛終，奉天的張作霖又與曹錕積不相能了。吳佩孚再爲曹錕打敗張作霖（一九二二）。最後，由一般最無廉恥的議員舉出曹錕爲總統，同時制出一部紙上的憲法（憲法原文見後附錄），把他送到新英宮中總統的座位上了（一九二三）。西南方面也因武人競爭權勢，時起衝突。陸榮廷失敗以後（一九二〇），陳烱明在廣東的勢力大了。在這樣大的中國現在到處都被一般無知無識，貪權貪利的武人割據霸佔，自由處分一切政權、軍權、財權，紛亂的現象到此已算達於極點了。

在這幾年中，國家受內亂的影響，法律失其效能，財政紊亂涸竭，教育廢弛，工商業衰歇不振，軍隊土匪多如蜂蟻，人民被各種黑暗勢力壓迫得去死不遠。這都是我們人目前的實在情形啊！

三、歐戰與中國

一九一四年，歐洲大戰發生，全世界的國家人民都起了畏懼。中國本是列強勢力蟠據的地方，所以也免不了受這場戰爭的牽扯[1]。

歐戰發生後，德國以青島爲東方軍事根據地，擾害英法的商務。這時中國本想出來干涉。不料日本以英日同盟的關係，藉口有相助的義務，先向德國通牒，要求限時讓出膠州灣，給日本，由日本歸還中國。德國不從，日本遂大發海陸軍隊，向青島攻擊，戰禍蔓延到山東半島。中國只能仿照日俄戰爭的故事，宣告名不符實的中立。直到一九一四年的年底，德軍投降，交出青島。按日本的宣

---

[1] "址"當作"扯"。——編者註

言,即當將領土完全交還中國。但這不是日本人的本心了。日本不但不還,且提出毫無理由的二十一條要求(一九一五)來相剪迫。這種要求是中國外交史上永久不能去的一條血痕,是日本侵略政策一件最有力的鐵證。這種要求很有詳細知道的必要。現在抄全案於下:

(1)中國政府允諾日後日本國政府向德國政府協定之所有德國關係山東省依據條約或其他關係對中國享有一切權利利益讓與等項處分概行承認。

(2)中國政府允諾不將山東省內沼海之地或島嶼無論以何項名目租借或讓與第三國。

(3)中國政府允諾日本建造由烟台或龍口接連膠濟路線之鐵路。

(4)中國政府允諾為外國人居住貿易起見從速自開山東省內合宜地方為商埠。其應開之地方,須與日本協定於另件中。

(5)兩締約國約定將旅順、大連租借期限並南滿洲及安奉兩鐵路之期限均展至九十九年為期。

(6)日本國臣民在南滿洲為蓋造商工業應用之房廠或為經營農業得租買其需用地畝。

(7)日本國臣民得在南滿洲及東部內蒙古任便居住往來並經營商工業等一切生意。

(8)中國政府,對于下列兩事之動作,須先得日本之許可:

中國允諾第三國在南滿洲及東部內蒙古築造鐵路,或借資修造鐵路。

中國以南滿洲及東部內蒙古之地方稅充作向第三國借款之用。

(9)中國允諾日本人民在南滿洲及東部內蒙古有開礦之權利。其應開之礦,另由兩國協定。

（10）中國政府允諾如在南滿洲及東部內蒙古聘用治政財政或軍事顧問須先與日政府相商。

（11）中國政府允諾將吉長鐵路管理權交與日本政府，由本約簽字之日起，以九十九年為期。

（12）兩締約國合意於機會到時將漢治[1]萍公司作為兩國公共相關之事業；故中國應許不將該公司權利財產任意充公，並亦不使該公司將其權利財產自由處分。

（13）中國政府允諾於未得漢冶萍公司允可之先，凡漢冶萍公司附近礦地，不准公司以外之人開採。

（14）中國政府不得將其沿海港口、灣岸、島嶼，租借或讓與第三國。

（15）中國中央政府須聘日人為政治、財政、軍事顧問。

（16）中國允准日人在中國內地置地設立病院、教堂及學校。

（17）中國允諾將緊要地方之警務，由中日兩國公同處理，或多聘日員以資進益。

（18）中國須由日本購買軍需品，以應用之一半為至少數目；或在中國境內設立中日合辦之兵工廠，其技師須聘日人，至材料亦由日本購買。

（19）中國允諾日本建築接連武昌、九江、南昌之鐵路及南昌、杭州間之鐵路，與南昌、潮州間之鐵路。

（20）如中國欲用外資在福建省內開金礦[2]，修鐵路及築造港口、工程須先與日本相商。

（21）中國允諾日本人民在中國境內有布教之權利。

這種要求提出以後，正當歐戰最吃緊的時候，歐洲各列強都無

---

[1] "治"當作"冶"。——編者註
[2] "礦"當作"礦"。——編者註

暇顧及東方的問題，只有一個美國也不能制止日本的野心。中國政府與日本交涉到二十多次，終無撤消之希望。到一九一五年的五月七日，日本用最後的通牒強求中國承認。當時中國人民雖十分憤激，終是無效。於是暫時屈服了。這二十一條根本上沒有存在之理由。但後來經過歐戰後的巴黎和會及華盛頓會議中中國代表兩次抗爭都無取消之可能，到現在還是中日外交上之懸案。

二十一條交涉以後，歐戰還是照常進行，中國更是多亂了。因此給日本人一個侵略的好機會。日本人以兵屯駐山東，直向東三省和內蒙大發展，到處橫行生事，如在膠濟鐵路沿綫強設民政署，鄭家屯、長春的日軍藉端暴動，福建住留的日人無故殺傷中國人民，無故進兵琿春，強佔不退。這都是歐戰期中日人的強暴舉動。至於向中國投資的政策，才更可怕呢！因為近幾年的內亂，國內武人都歡喜借外債以充軍餉。於是日本濫向中國投資，舉其著者，有以下各項：

（1）一九一七年一月，以整頓交通銀行為名，借日金五百萬元。

（2）一九一七年八月，日幣墊款一千萬元。

（3）一九一八年一月，第二次墊款一千萬元。

（4）一九一八年七月，第三次墊款一千萬元。

（5）一九一八年九月，濟順高徐鐵路預約墊款二千萬元。

（6）一九一八年九月，滿蒙回路預約墊款二千萬元。

（7）一九一八年八月，東三省礦林借款三千萬元。

（8）一九一八年四月，電政借款二千萬元。

（9）一九一八年九月，參戰借款二千萬元。

各種借款都附帶着極苛刻的條件，這也是當然的了。最可惜者就是這些借款到手以後，都供了武人的擴充軍隊或揮霍浪用了。

四、中國在國際上的地位

歐戰停止（一九一八）德國歸於失敗，於是美國總統威爾遜（Wilson）宣言謀世界永久和平，集參戰各國代表在法國的巴黎開會議和，解決戰後的各種問題。中國因爲是參戰國的一員，就派陸徵祥、顧維鈞、王正廷等爲代表，參與和會，本想藉各國維持正義，與日本解決關於山東的問題，並及二十一條交涉。當和會開後，議到山東問題，中國代表根據正義和前次日本奪取青島時的宣言，要求與德國直接解決。不料，英法意各國都與日本先有祕密條約，願爲日本助力；中國的要求於是失敗了。巴黎和會關於中國的決定是：

德國以膠州各項權利，所有權，特別權利，與因一八九八年三月六日與中國立約，及其他關於山東條約而得之鐵路、礦產、海底電線，讓與日本。

屬於青島至濟南鐵路之德國各項權利，連同器用、礦權開採權，一併讓與日本。

自青島至滬至烟台之海底電線，亦讓與日本，免償其值。又膠州德國國有之一切動產與不動產，亦歸日本所有，免償其值。

這是公理戰勝以後的結果了！

這種失敗的消息傳回國內以後，全國人民都憤恨異常。一九一九年的五月四日，北京各校學生結隊遊街示威，表示不甘承受，打曹汝霖的住宅，和軍警衝突。因爲曹汝霖，與章宗祥、陸宗輿等，都是和日本訂結種種辱國條約的人物。從此以後，各處人民都起來結爲團體，力爭外交。我國在外代表到底沒有在巴黎和約上簽字。

及至一九二一年,英日的同盟又要續定了。美國爲要保持自己在東方的利益,自然不喜歡英日再在東方合作,把美國排斥出去。所以英日同盟之續定是美國必要反對的了。但英日也不敢輕於拖開美國,置之不顧。所以三國有聚會一處協商之機會了。首先由美國提議,照會各國,請求各派代表在美國華盛頓城開會,討論太平洋上之各種問題,以謀人類永久之和平。於是各列強都答應了,一時邀到了八九國的代表,通同聚在華盛頓,禱告上帝,都說這回本良心而出以正義的解決了。說到太平洋上的問題,當然以中國問題爲其中最重要的部分,所謂解決太平洋上之問題,實際就是說要解決中國的問題了。中國的代表也派出去了。結果,中國所提出的問題,除一小部分極不關緊要的外(如撤廢客郵),都遭各國拒絕或不誠意之贊許。各列強對於中國問題除過說些"保全中國領土之安全,與中國以發展最有利之機會",一類空洞好聽的話以外,都盡心竭力的要作到"中國門戶開放,給各國以利益均等之機會"一條原則了。各國的利益均等了,中國也變成世界人公共之殖民地了。

現在英國要在新嘉坡建築大規模之軍港了,日美海軍都在限制軍備這種名義之下偷着增加,空中戰備一日比一日進步完全了,十九世紀以來的殖民政策恐終不免再釀起世界第二次之大戰,這時候中國問題便要提在戰場上解決了。

問題
1. 袁世凱謀叛的事實是怎樣?
2. 護國軍討逆的經過是怎樣?
3. 袁世凱以後之中國內部情形是怎樣?
4. 歐戰期間日本怎樣向中國用武力侵略?

5. 日本對中國所提出之二十一條之內容是怎樣的？
6. 歐戰期間日本對中國投資之情形是怎樣的？
7. 巴黎會中之中國問題怎樣解決？
8. 華盛頓開會之目的在什麽地方？
9. 華盛頓會議對於中國有怎樣的關係？
10. 現在世界列強對於中國問題持着怎樣的態度？

參攷書

1. 《軍務攷實》：商務印書館印行。
2. 周守一：《華盛頓會議小史》。
3. 劉彥：《歐戰期間中日交涉史》。

第十九章　文化的新發展——結論

　　西方之政治的、經濟的勢力挾持着西方之學術與思想一同傾注於東方，中國之舊教育失其勢力了，中國之古文化幾乎要無人過問了，儒家教義不復能支配一般人的心理，滿清政府之威權也隨着此種趨勢而顛倒了，一般人的舊信仰沒有了，社會的秩序大亂了。在此時際政治上及社會上到處產出極悲慘之事實及不經見之怪現象，一般見地不明，志趣薄弱的人便懷着反動之思想，要向後倒走了。更有少數具有特識之人把這時的途程看準了，知道只有向前要求之一途可以解除目前之悲慘與怪現象。陳獨秀等主辦之《新青年》雜誌於籌安會妖氣正盛時候出版了（一九一五，九，十五）。孔教問題與文學革命的呼聲相繼而起（一九一六——七）。杜威（Dewey）、羅素（Russell）等西方的第一等學者先後來到中國（一九一九——二〇），介紹西方學術的精髓。在這時候國內之出版物如春筍爭茁，各種教育機關如編譯社與講學會等都應時而突起。

一、文學革命及文字改良

　　我國古人當初造字重在字的形體，一字造出一個獨立的符

第十九章　文化的新發展——結論

一、文學革命及文字改良

號，到後來年積月累，字數多了，符號也不易記了。一個人要讀書做文都不感受困難，至少得熟記四五千個獨立的方塊字。這是字形上的缺點了。一字數音，或數字一音、古今異音、異地不同音。因此一個中國人要記清一個字的發音也很不容易了。文字隨時變遷，各代勢不相同，我國以前的文人不明白這種道理，確要把古人的文字定爲永遠通用之標準，強後人極力學習。因此能作文字的人在各代中就成了極少的數目了。中國的學術落後，思想混沌，政治及社會黑暗，歸根結底，都由於這種文字上的限制。西方文明來了，民主的趨勢成了很明顯的眞理，教育要普及，學術要平民化。因此文字改革及文學革命的問題就成了文化運動史上的第一節。

對於多年認爲標準的古體文下最沉痛的攻擊的就是胡適與陳獨秀等人。胡適先提出八條近乎消極的主張：（一）須言之有物；（二）不摹仿古人；（三）須講求文法；（四）不作無病之呻吟；（五）務去爛調套語；（六）不用典；（七）不講對仗；（八）不避俗字俗語。陳獨秀卽應聲提出三種改革的原則：（一）推倒彫琢的阿諛的貴族文學，建設平易的抒情的國民文學；（二）推倒陳腐的鋪張的古典文學，建設新鮮立誠的寫實文學；（三）推倒迂晦的艱澀的山林文學，建設明瞭的通俗的社會文學。以後他們更由歷史上研究文學進化的正當途徑，參考西歐各國改革文學的成例，標出"國語的文學，文學的國語"十個字的簡單主義。

這種革命的議論一出，一般眞正的教育家起了同情的應聲，小學校的教科書都換成白話的體裁，許多教員、學生、著作家、新聞記者都用白話文編講義、錄筆記、著書、做新聞，文學家也用白話做起小說、新詩。自此以後，我們授兒童的文字教育至少省下一半的工力，教育普及成爲很可能的希望，各種科學知識、科學理想的傳佈得了一種很經濟的工具，將來由理想結晶成的新文學不難成爲全體人民都能感發，都能賞鑑的公共藝術。

清朝末年到民國初年就有一些人注意到我國文字的形聲上的缺點，想創出一種拚音的方法以圖解決。這種理想在民國二年居然成爲事實了。一九一三年由教育部召集全國各省代表在北京開國語讀音統一會，制定拚音的字母。一九一八年由教育部把這種字母公佈全國，教寫在漢字的旁邊作爲注音的應用。這種字母現在共有四十個，內中分聲母二十四，韻母十三，介母三個。字母的寫法是：

ㄅㄆㄇㄈㄉㄊㄋㄌㄍㄎㄫㄏㄐㄑㄬㄒㄓㄔ

ㄕㄖㄗㄘㄙ（以上是聲母）

ㄧㄨㄩ（以上是介母）

ㄚㄛㄜㄝㄞㄟㄠㄡㄢㄣㄤㄥㄦ（以上是韵母）

有了這種字母以後，教授小學生識字時就不感讀音的困難了，各地不同的方言也可因此漸趨一致，文字改革的事業又加上一層很重要的進步了。但我國固有的單音字同音者非常之多，要用字母給他注音還可以，要用字母替代他就不能了。同一個ㄕ母可使在尸、師、矢、獅、詩、司等漢字的旁邊，要沒有字形上的分別就要混成一樣了。自從白話文通行以後，複音字的使用增加了，以前的單音字現在在使用上都倍成複音，因此同音的複音字也就很少了。再加上讀書的上下文氣的關係，獨立的拚音文字在實際上不見得發生多大的困難。所以廢漢字改用完全的拚音字母就成了我們現在對於文學改革的一個理想的堦級。❶

---

❶ 此爲當時激進觀點，在今看來，仍顯欠妥。——編者註

二、評判態度與科學方法之提倡

古人有一句話說得非常的好,"工欲善其事,必先利其器"。我們要提倡新文化,就要對於東方舊文化、舊信仰加一種冷酷深刻的批評,要對于西方的文化作一番審慎周密的介紹,更要採用一種適當的態度與文法達到我們所期的目的。這種態度便叫做評判的態度,這種方法便是科學家在實驗室裏所用的方法。胡適說道:

評判的態度,簡單說來,只是凡事要重新分別一個好與不好。仔細說來,評判的態度含有幾種特別的要求:

(1)對於習俗相傳下來的制度風俗,要問:"這種制度現在還有存在的價值嗎?"

(2)對於古代遺傳下來的聖賢教訓,要問:"這句話在今日還是不錯嗎?"

(3)對於社會上糊塗公認的行爲與信仰,都要問:"大家公認的就不會錯嗎?人家這樣做我也該這樣做嗎?難道沒有別樣做法比這個更好,更有理,更有益的嗎?"(見《胡適文存》一五三頁)

科學家在實驗室所用的方法到底是怎麽樣呢?簡單來說,就是:(一)搜集一些具體的事實去觀察、實驗、分類;(二)根據已知的學理、經驗,對於新事實、新現象提出一種解釋的假設;(三)有了一種假設以後再用推理的方式對於這種假設作可靠的證明或不可靠的反證。這種方法不僅供科學家用在實驗室裏研究種種自然現象,發明自然界的種種法則;並可放大範圍,作一般研究的普遍的使用,去整頓東方所有的積累下來的舊文化,去解決社會的、政治的種種困難問題。在最近的八九年中,我們對於孔教問題的討論，女子貞操、女子解放、女子參政等問題的討論，家庭制度、社會制度、宗教、婚姻、道德、人生觀等問題的討論，都是憑着這種評判的態度與科學的方法。這是杜威、羅素東來以後給我們最重要而最可紀念的貢獻，這也是這幾年來國內學者對於文化運動已經作到的一種最明顯的成績。

三、古學術研究的復興

清朝中葉的古學術研究者把古學術研究得很有些可贊稱的成績了。後來西方勢力東來，在政治上及社會上起了許多十分危險的現象，於是一般人的興趣都注到目前的切近的問題上了，古學術的研究也衰落不振了。但這是一時的衰落或休息，絕不是永遠不能回復的停頓與終絕，也不是前人把這一方面的問題做完了，餘下糟粕不足供後人再去用力。

最近文化運動的結果，把科學方法的功用提倡得無所不能了。一般對於古文化有興趣的人自然要試試這種方法用在中國的古學術的研究上有怎麼樣的結果。《中國哲學史大綱》（胡適）出版了（一九一九），便是這種試驗的一個小成功。於是一般古學術研究者的好奇心因此發動了。這是古學術研究之復興的第一原因。

文化運動雖然很盛了，但還有一些思想落後的人在偏僻閉塞的地方時常發出細微微的反對聲音。有的以為西書學術的輸入是把我國的古學鬧得將要淪亡了；有的以為孔家教義是古學的主幹，所以因要給古學護法就要主張定孔教為國教了；有些人極力的維持古詩古文，以為古詩古文就是古學的根基。由於這些不懂中國古學術的人發出誤謬的"保存國粹"的議論,才把一般眞正的古學術研究者迫得走上"國糟"與"國粹"不分的"雜貨店"了。

甘肅燉煌石室的古書的發見,新疆南路沙漠中的古代遺簡的發見,河南商縣的甲骨文的發見,河南澠池及奉天遼陽的石器時代文化的發見(一九二一),以及最近河南孟津與新鄭兩處的銅器的發見,都在東方文化的研究上增加很重要的材料,刺激起一般研究者勇敢的興趣。從此以後,東方文化研究的前途十分遠大而很有希望了。

北京大學的研究所國學門已經成立了(一九二二),國內研究古學術的人,計算起來,也許有十數位了。研究的目的是"爲研究東方古文化而研究",不計研究之結果與中國,與今人類是有用或無用;因爲東方文化就是整頓就緒了以後,對於現在及將來之政治、社會、人生、道德等等方面是沒有大用的。研究的方針是:(一)擴大研究的範圍;(二)注意系統的整理;(三)博採參考比較的材料。研究的結果可給中國作成一部可靠的中國文化史。這部文化史的內容,分析起來,至少包括中國的民族史、語言文字史、經濟史、政治史、國際交通史、學術思想史、宗教史、文藝史、風俗史、制度史。

我們希望東方古學術按照這樣的目的、方針去研究,將來能得到所期的結果。我們又知道這種研究是很煩雜的、困難的、遲緩的,不能迅速成功。同時我們不希望多數人捨棄急切的治政及社會問題不理,不去努力介紹西方的學術,來在東方文化的研究室裏作隱君子。

四、結論

自鴉片戰爭以來，西方的經濟政策及政治政策，順着蝸[1]旋形的方式，要把中國變做西方人的征服地了。日本崛起於東亞，不到五十年便列於世界強國之林，因此也要向亞洲大陸侵略了。自歐戰以後，中國問題曾兩度提出於巴黎會議及華盛頓會議，都因列強不肯實心努力於正義人道之實現，更用種種"保證領土完全，門戶開放，利益機會均等"的名詞使中國成了世界人的公共殖民地了。世界列強自此可以無限制的吸取中國的原料變作製造品，更以這種製造品輸送於中國交換出中國人的汗血及原料，輾轉取提。中國的土地、富源在事實上就是列強的所有物，中國的人民就成了列強的最好的消費者及工人。不幸，列強要因利益衝突，不肯相讓，各自準備戰鬥，一旦決裂，中國領土化爲煙雲飛舞，彈殼橫飛的場所，到那時中國人眞不知能殘餘若干了。這種不幸的遭遇，我們常由各方面推測，知道是終難避免的，這才是不幸中之更不幸的了。

在此種不幸的恐怖的局勢之下，我們一看國內政治上及社會上的各種設施，光明早被黑暗遮盡了。除過少數暗夜裏細微微的奮鬭之聲，只有一羣一羣的人面獸心的蠢物在人的社會中叫囂衝動了；又只有整千整萬的黑煙煙的可憐蟲，肩起千斤重的罪孽担子奔向茫茫無邊的前程，要給蠢物作無意識的犧牲了。國外的列強無時無地不想利用這般蠢物，增加自己的贓品；蠢物更因有列強的憑藉，才大吞小噉，吮盡一般可憐虫的血脂。絕望了嗎？不！只要暗

---

[1] "蝸"今作"渦"。——編者註

夜裏細微微的聲音在那裏不時的喊嘆，希望不致沒有的！工力到了，時機也成熟了，可憐蟲也許一齊擺脫担子對於蠢物作戰！只要暗夜裏細細微微的聲音在那裏不時的喊嘆！……

在西方掀來的殺聲之中也夾帶着不少的自由的音調。東方文化腐敗了的弦子已經崩壞了。近幾年來文字上的改革給我們一種很便利的工具，科學方法又是一種降妖伏魔的法寶。戰前的準備已經完竣了，造時勢的大將軍把大家都送上思想革命的戰場。槍聲作了，炮彈炸了，前線上打倒了不少的死尸。思想革命的偉業必要在我們的手中完成的！

問題
1. 文化運動是怎樣發生的？
2. 中國文字的缺點是什麼？
3. 文學革命的宗旨是什麼？
4. 新文學的形式是怎樣的？
5. 文學革命的結果是怎樣的？
6. 文字改革的方向在那裏？
7. 文字改革的進行是怎樣的？
8. 怎樣叫做評判的態度？
9. 科學方法的次序是怎樣的？
10. 科學方法在中國怎樣的應用呢？
11. 誘引對於古學術研究之復興的動機是什麼呢？
12. 研究古學術的目的、方針及將來的結果都是怎樣？
13. 爲什麼不希望多數人去研究古學術？
14. 我們現在有什麼方法解決中國之內憂與外患？
15. 我們爲什麼要做思想革命呢？

參攷書
1. 《胡適文存》，亞東圖書館出版。
2. 《獨秀文存》，亞東圖書館出版。
3. 《同學季刊》的《發刊宣言》，見《同學季刊》第一卷第一號。
4. 廖立勛：《實用國音學》。

編後記

　　如果說蔣廷黻的《中國近代史》以外交視角入手，獨樹一幟地闡明了其近代史觀。那麼，魏野疇的《中國近世史》則體現了早期中國共產黨人的近世史觀。爲了更好地反映這一思想遺迹，我們選取了魏氏的這本著作，以饗讀者。

　　魏野疇，原名魏鳳標，號明軒。陝西興平人，陝西中國共產黨組織創始人之一。1917年考入北京高等師範學校。1920年加入中國社會主義青年團。1923年初加入中國共產黨。在校期間，曾參與領導創建陝西旅京學生進步團體"共進社"。畢業回陝後，先後在榆林、西安等地從事革命活動。1927年2月中共陝甘區委成立，任區委員，負責宣傳工作。7月，陝甘區委改爲陝西省委，任省委委員，負責軍事工作。8月，應楊虎城之邀赴安徽太和，任楊部國民革命軍第十軍政治部主任和該軍中的中共軍委書記。12月任中共皖北特委委員。1928年4月8日組織領導皖北暴動，9日在率領起義部隊轉移途中被捕犧牲。

　　《中國近世史》作於1921年，它反映了作者跳出"舊史"窠臼，力創"新史"的嘗試。魏氏認爲，"舊史"並非"嚴正的科學的歷史"，存在斷片化和軍政化的不當傾向。爲了破除這一弊病，作者論述了其不同以往的新史觀，主要分爲三個方面：一、新歷史應是"久遠廣大的；繼續不斷的；物質思想兩方面連結，活動，進化，及進步的";二、新歷史的目的,即"爲解釋過去,明白現在,指揮未來";三、新歷史的方法是,"合各種有關係的科學的原理,材料,來搜集、考鑒、整理、概括他自己的各種材料:就是作歷史實驗"。在此基礎上,作者分十九章介紹近世中國的發展歷程,其中政治、軍事是主要內容,社會、經濟及文化亦佔有一定比例。

當然,本書也反映了作者的一些舊思想。比如將太平天國及義和團稱爲"匪",將他們的起義行動稱爲"亂";在民族、邊疆問題也有一些值得商榷觀點;受新文化運動激進思想的影響,對中國傳統文化及漢字等的評價亦非完全公正;等等,這都是不可取的,希望讀者對此給予一定的重視。

關於本書的版本,編者所見者有開明書店、申江書店兩個本子,皆刊行於1930年,1932年開明書店再版。此次出版的《中國近世史》據開明書店本爲底本進行整理,同時參考申江書店本。版式上將原來的豎排變爲橫排;對底本中需要補充或糾正的地方,以"編者註"的形式加以說明。在整理過程中,編者發現書中存在繁簡混用的現象,如"翻譯"作"繙譯","它"作"牠"等;外國人名的翻譯上亦與現今不盡相同,如"盧梭"作"盧騷","拿破侖"作"拿玻侖"等。遇到這種情況,均保持其原貌。關於標點符號的使用,本書亦有不規範之處,如書中英文人名"I.L:Gillin",當作"I.L.Gillin"。對此,全部按照現代標點符號的標準用法加以修改。對於書稿中的一些層次也作了略微修改。

劉江　楊帆
二零一三年三月

《民國文存》第一輯書目

紅樓夢附集十二種	徐復初
萬國博覽會遊記	屠坤華
國學必讀（上）	錢基博
國學必讀（下）	錢基博
中國寓言與神話	胡懷琛
文選學	駱鴻凱
中國書史	查猛濟、陳彬龢
林紓筆記及選評兩種	林紓
程伊川年譜	姚名達
左宗棠家書	胡嘯天
積微居文錄	楊樹達
中國文字與書法	陳彬龢
中國六大文豪	謝無量
中國學術大綱	蔡尚思
中國僧伽之詩生活	張長弓
中國近三百年哲學史	蔣維喬
段硯齋雜文	沈兼士
清代學者整理舊學之總成績	梁啟超
墨子綜釋	支偉成
讀淮南子	盧錫烆

國外考察記兩種	傅芸子、程硯秋
古文筆法百篇	胡懷琛
中國文學史	劉大白
紅樓夢研究兩種	李辰冬、壽鵬飛
閒話上海	馬健行
老學蛻語	范禕
中國文學史	林傳甲
墨子間詁箋	張純一
中國國文法	吳瀜
錢基博著作三種	錢基博
老莊研究兩種	陳柱、顧實
清初五大師集（卷一）·黃梨洲集	許嘯天
清初五大師集（卷二）·顧亭林集	許嘯天
清初五大師集（卷三）·王船山集	許嘯天
清初五大師集（卷四）·朱舜水集	許嘯天
清初五大師集（卷五）·顏習齋集	許嘯天
文學論	夏目漱石、張我軍
經學史論	本田成之、江俠庵
經史子集要略	羅止園
古代詩詞研究三種	胡樸安、賀楊靈、徐珂
古代文學研究三種	張西堂、羅常培、呂思勉
巴拿馬太平洋萬國博覽會要覽	李宣龔
國史通略	張震南
先秦經濟思想史	甘乃光、熊夢
三國晉初史略	王鍾麒
清史講義（上）	汪榮寶、許國英
清史講義（下）	汪榮寶、許國英

清史要略	陳懷
中國近百年史要	陳懷
中國近百年史（上）	孟世傑
中國近百年史（下）	孟世傑
中國近世史	魏野疇
中國歷代黨爭史	王桐齡
古書源流（上）	李繼煌
古書源流（下）	李繼煌
史學叢書	呂思勉
中華幣制史	張家驤
中國貨幣史研究二種	徐滄水、章宗元
歷代屯田考（上）	張君約
歷代屯田考（下）	張君約
東方研究史	莫東寅
近世歐洲史	何炳松
西洋教育思想史（上）	蔣徑三
西洋教育思想史（下）	蔣徑三
西洋教育史大綱	姜琦